Quelques Tâches

Mixed skill tasks for GCSE and Standard Grade

Ena Fowler

Nelson

Thomas Nelson and Sons Ltd
Nelson House   Mayfield Road
Walton-on-Thames   Surrey
KT12 5PL   UK

51 York Place
Edinburgh
EH1 3JD   UK

Thomas Nelson (Hong Kong) Ltd
Toppan Building 10/F
22A Westlands Road
Quarry Bay   Hong Kong

Distributed in Australia by
Thomas Nelson Australia
480 La Trobe Street
Melbourne   Victoria 3000
and in Sydney, Brisbane, Adelaide and Perth

© Ena Fowler 1990
First published by Thomas Nelson and Sons Ltd 1990

ISBN 0-17-439209-5
NPN 9 8 7 6 5 4 3 2 1
Printed and bound in Great Britain by
Bell and Bain Ltd, Glasgow
All Rights Reserved. This publication is protected in the United Kingdom by the Copyright Act 1956 and in other countries by comparable legislation. No part of it may be reproduced or recorded by any means without the permission of the publisher. This prohibition extends (with certain very limited exceptions) to photocopying and similar processes, and written permission to make a copy or copies must therefore be obtained from the publisher in advance. It is advisable to consult the publisher if there is any doubt regarding the legality of any proposed photocopying.

Acknowledgements

The author gratefully acknowledges ideas provided by:

At the Chalkface, Alan Matthews, Mary Spratt and Les Dangerfield; Edward Arnold
The Practice of English Language Teaching, Jeremy Harmer; Longman
Teaching Writing Skills, Donn Byrne; Longman
Teaching Techniques for Communicative English, Jane Revell; Macmillan
Visual Materials for the Language Teacher, Andrew Wright; Longman
Play Games with English, Books 1 and 2, Colin Granger; Heinemann Educational Books

Every effort has been made to trace owners of copyright and, if any omissions can be rectified, the publishers will be pleased to make the necessary arrangements.

Contents

Lettres d'amitié		Page
1	On cherche un correspondant	4
2	On se présente	6
3	Ma famille	10
4	S.O.S. amitiés	14
5	Chez moi	18
6	Mon job	22
7	Mon emploi du temps	26
8	Une journée typique	32
9	Une soirée typique	35
10	Mes loisirs	38
11	Une invitation	42
12	Ma ville	46
13	Manger et boire	50
14	Mes projets	53
15	En vacances	55
16	Mille fois merci	58

Cartes postales		Page
17	Au bord de la mer	60
18	En ville	62
19	A la montagne	64
20	Au camping	65
21	A l'auberge de jeunesse	66

Lettres formelles		
22	Demander des informations	68
23	Porter plainte	71
24	Demandes d'emploi	73
25	Au bureau des objets trouvés	76
26	Réserver une chambre	78

Section one, **Lettres d'amitié**, is structured around a real-life situation in which two classes of French and English students write to one another about themselves and their lives at home and at school. Holiday exchanges are suggested, meetings and entertainments are arranged, thank-you letters are sent. Section two, **Les cartes postales**, deals with postcard writing from the seaside, the mountains and the countryside. Section three, **Les lettres formelles**, covers formal letters: job applications, complaints, writing about lost property and booking at hotels and campsites.

Within this framework **Quelques Mots** provides the practice material you need for writing letters in French of your own, and for preparing for the letter-writing section of the GCSE examination.

Lettres d'amitié

1 On cherche un correspondant

▶ 1 These six people are looking for French penfriends. Help them find someone suitable from the **Petites annonces** on page 5.

> Sharon – 15 – likes going to the cinema and music.
> Ben – 16 – likes going out.
> Juliet – 16 – loves horse-riding.
> Jack – 17 – likes travelling and music.
> Annie – 24 – likes foreign languages and fashion.
> Michelle – 11 – likes cats, dogs and sport.

▶ 2 Now look again at the advertisements and try to find a suitable partner for yourself.

▶ 3 Working in pairs, use this form to find out each other's likes and dislikes.

▶ 4 Use the information on the completed questionnaire to fill in your copy of the coupon for your friend.

▶ 5 Now fill in a copy of the coupon for yourself.

Nom
Age
Langues parlées

Aimes-tu:
  la moto?
  la musique classique?
  la musique pop?
  le jazz?
  le tennis?
  le cinéma?
  le sport (lesquels?)

  les sorties?
  la lecture?
  la natation?
  les animaux?
  les discos?
  sortir en boîte?

Qu'est-ce que tu n'aimes pas particulièrement?

Petites Annonces

Lettres d'amitié

ACHATS VENTES
★★★★★

Recherche tous posters sur J. Mas, J.L Lahaye, J.J. Goldman, Duran-Duran merci d'avance. Bonvin Patricia, 3960 Corin-St-Sierre-Valais, Suisse.

Recherche tous documents, posters, photos, sur Michael J. Fox. Draoulec Diane, 2 bis rue Léon Blum, 91300 Massy.

Je recherche toutes les photos documents et posters sur Tom, Madonna, P. Bruel, Kiss, Gérard Lanvin, merci d'avance.

Je recherche toutes les photos, documents et posters sur D. Balavoine, merci d'avance. Peru Noelle, 523 cité Manuca, 27950 St Marcel.

S.O.S. AMITIES

J'ai 14 ans et j'aimerais correspondre avec garçons ou filles de 13 à 17 ans joindre une photo S.V.P. réponse assurée. Billaudel Kathy, 7 impasse des Bouleaux-le Brion, 60150 Thourote.

Recherchons les deux filles habitant Magny Tille que nous avons rencontrés au tournoi en salle de Dijon joindre photo, réponse assurée. Ferney Jean-Christophe, 23, rue du Général de Gaulle, 21850 St-Apollinaire.

J'ai 16 ans 1/2 et je désire correspondre avec des jeunes de mon âge, je parle français, anglais, espagnol, polonais. J'aime la moto, la musique. Réponse assurée, merci. Fichaux Sandrine, 181, av. P. de Coubertin, 62107 Calais.

J'ai 15 ans et je désire correspondre avec demoiselles de 15 à 17 ans joindre si possible une photo j'aime la musique, le cheval, le tennis. Roussey Philippe, rue Georges Clémenceau, 39160 St-Amour.

J'ai 14 ans et je désire correspondre avec filles ou garçons habitant la Martinique ou la Corse réponse assurée. Ziegler Marie-Laure, 33 Cottage du Rianois, 54300 Luneville-Chantebeux.

J'ai 15 ans et je cherche des correspondants de 15 à 18 ans français ou anglais, j'aime le cinéma, la musique et le sport. Réponse assurée, merci d'avance. Nattero Sabine, 2, rue Frédéric 66000 Perpignan.

J'ai 12 ans et je désire correspondre avec fille ou garçons de 12 à 13 ans parlant français ; joindre photo et répondre très vite. Babilliot Julie, 7, rue de la Plaisance, Les Dumaines 18100 Vierzon.

Je désire correspondre avec garçons et filles de 18 à 25 ans réponse assurée, joindre photo. Roestam Marlene, lotissement Ondemia nº 35, 211 Paita (Nlle-Calédonie).

Je suis une fille de 13 ans désire correspondre avec filles ou garçons de 13 à 15 ans, joindre photo. Réponse assurée. Schneider Sandrine 12, rue de Bulgarie, 72100 Le Mans.

J'ai 15 ans et je désire correspondre avec filles et garçons de 15 à 16 ans, j'aime les sorties avec copains et copines. Joindre photo, réponse assurée. Benicourt Sabine 33, rue Henry Dunant, 80130 Escarboyin.

J'ai 11 ans, j'aime la musique, les animaux et la natation. Je désirerais correspondre avec des filles, de mon âge. Réponse assurée. Barres Nelly, croix de Laumet Flavin, 12450 La Primaude.

J'ai 16 ans et je désire correspondre avec filles ou garçons de 15 à 17 ans parlant français. J'aime la musique, le sport et le cinéma ; joindre photo, réponse assurée. Sylves Céline, maison Saminadin Morne Houel, 97120 Saint-Claude.

J'ai 12 ans je désire correspondre avec filles ou garçons de 12 à 14 ans parlant français, réponse photo assurée. Meyer Joel, rue de Harthouse 67500 Nierderschaeffolsheim.

J'ai 13 ans et je désire correspondre avec filles ou garçons de 13 à 15 ans. J'aime beaucoup les sorties, joindre photo, réponse assurée. Pellet Stéphanie, 1, rue Docteur-Paul Versnale 30160 Besseges.

J'ai 15 ans et désire correspondre avec des Britanniques écrivant français, joindre photo si possible, réponse assurée. Benevsille sophie, rue Pierre Corneille, 76240 Mesnil-Esnard.

Jeune fille de 18 ans desire correspondre avec des filles de 17 à 19 ans habitant St-Marin ou dans le monde entier parlant français ou espagnol. Photo et réponse assurées. Cazorla Corinne, 36, rue Thémard, 69008 Lyon.

Je désire correspondre avec filles et garçons de 17 à 20 ans. J'aime les soirées dansantes et les sorties en groupes. Joindre une photo à votre lettre, réponse assurée. Piva Anne, 4, rue des Acacias, 74000 Annecy.

Je désire correspondre avec filles parlant français ou espagnol de 20 à 30 ans. J'aime la musique, la mode, les sorties nocturnes. Réponse assurée, joindre photo. Laporte Thérèse, résidence des Bars chemin Bethou, 15000 Murillac.

Nous avons 15 ans, nous désirons correspondre avec garçons de 15 à 17 ans. Nous aimons sortir en boîte la moto, le cinéma et le tennis ; joindre photo, réponse assurée. Torres Sandrine Albane, 41 ter bd Leclerc, 77300 Fontainebleau.

J'ai 16 ans et je désire correspondre avec garçons et filles de 15 à 18 ans habitant la France ou Barcelone. Joindre photo, j'aime beaucoup la musique. Réponse assurée. Planchard Sabyne, résidence de la Vallée bt C 5 72400 La Ferté Bernard.

J'ai 13 ans et je désire correspondre avec filles et garçons de 12 à 14 ans. Joindre photo si possible. Merci. Delambre Jenny, 4, rue Hélène Boucher, 10600 La Chapelle-St-Luc.

J'ai 12 ans et je cherche une correspondante anglaise de 11 à 13 ans ; envoyer photo, réponse assurée. Boutin Emmanuelle, 5, place des Tilleuls, 94470 Boissy-St-Léger.

J'ai 15 ans, je désire correspondre avec garçons entre 15 et 18 ans. J'aime le cinéma, la musique, les motos, les voyages et les balades mais je déteste la lecture. Réponse assurée, joindre une photo. Rodriguez Béatrice, 7, rue du Disque, 75013 Paris.

PETITES ANNONCES GRATUITES

Si vous désirez faire paraître une petite annonce gratuite, remplissez soigneusement le bon à découper ci-dessous.

PODIUM-HIT
B.P. 415 08
75366 PARIS CEDEX 08

Rubrique choisie ....
Texte ....
....
....
....
....
....
....
Nom ....
Prénom ....
Adresse ....
....
Code postal ....
Ville ....
Age ....

Lettres d'amitié

2 On se présente

Montmorillon, le 4 Septembre

Salut !

Je suis très heureux de pouvoir correspondre avec un nouvel ami anglais. Je m'appelle Nicolas Porteau, j'ai les cheveux châtains, les yeux verts et je suis grand. J'aime le sport, je joue au tennis à Montmorillon où j'habite avec ma famille. J'aime les jeux vidéos. J'ai 14 ans et j'ai une petite sœur qui a 8 ans. J'aime les pâtisseries, les frites, mais pas le fromage. Pour ce qui est de la musique, j'aime bien les groupes français. Je joue aussi au football et mon équipe préférée est Nantes. Aimes-tu le sport ? Je l'espère. Je voudrais bien te voir et aller en Angleterre. Pourrais-tu m'envoyer une photo de toi ? Merci d'avance.
Ton nouvel ami,

Nicolas.

1 A friend of yours has asked you about your new penfriend. What can you tell your friend about Nicolas from the above letter?

Work in groups of five. Each person in turn should imagine he or she is one of the people in the pictures below. Describe yourself to the rest of the group who should guess which one you are.

Use this model to help you:

Je m'appelle...
I am called...

J'ai... ans
I am... years old

J'ai les cheveux...	noirs	black
I have... hair	châtains	brown
My hair is...	roux	ginger
	blonds	fair
	longs	long
	courts	court
	bouclés	curly

J'ai les yeux...	bruns	brown
I have... eyes	bleus	blue
My eyes are...	verts	green

Je suis	très	grand (–e)	tall
I am	very	petit (–e)	small
		mince	slim
	assez	maigre	thin
	quite	gros (–se)	fat
		beau (belle)	attractive

Lettres d'amitié

7

Lettres d'amitié

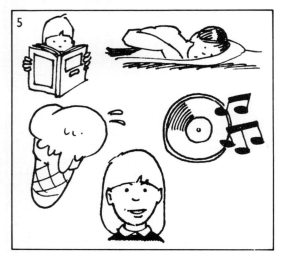

3 Working in pairs, take it in turns to imagine you are one of the people illustrated. Your partner should find out which one you are by asking you questions about what you like doing. Use the model opposite to help you.

Tu aimes...? Do you like...?	jouer au football playing football jouer au tennis playing tennis jouer de la guitare playing the guitar la lecture reading la natation swimming les frites chips les jeux vidéos video games aller au théâtre going to the theatre
Est-ce que	tu joues au football? Do you play football? tu joues au tennis? Do you play tennis? tu aimes aller au cinéma? Do you like going to the cinema? tu aimes faire du vélo? Do you like cycling? tu aimes chanter? Do you like singing? tu aimes danser? Do you like dancing?

Oui, j'adore ça j'aime ça c'est bon! c'est chouette! c'est passionnant c'est amusant	Yes, I love it I like it it's good! it's great! it's exciting it's fun	Non, je n'aime pas ça je déteste ça c'est ennuyeux c'est trop cher	No, I don't like it I hate it it's boring it's too expensive

4 Working in pairs, take it in turns to introduce yourselves in French. Say where you live and who lives there with you. Use the letter on page 6 to help you.

6 Using the profile, write a reply to Nicolas' letter or introduce yourself in a letter to a new penfriend.

5 Make a brief profile of yourself by filling in your copy of this form.

Nom:
Age:
Domicile:
Cheveux:
Yeux:
Plats préférés:
Musique préférée:
Sports préférés:
Équipe préférée:
Autres passe-temps:

Lettres d'amitié

3 Ma famille

Lettres d'amitié

Montmorillon, le 26 Septembre

Bonjour !
Merci beaucoup pour ta lettre. Je suis très content de correspondre avec toi. Je vais au lycée Jean Moulin à Montmorillon. Je suis en classe de 3è. J'ai une sœur. Elle s'appelle Corinne et elle a huit ans. Elle est assez petite avec les yeux bleus et les cheveux noirs, longs et bouclés.

Mon père a 42 ans. Il travaille à la poste au guichet. Ma mère a deux ans de moins que lui. Elle est secrétaire dans une agence immobilière. Ma grand-mère est nourrice, c'est-à-dire qu'elle garde des bébés. Elle a 61 ans. Mon grand-père est le plus âgé de la famille. Il est à la retraite et il va tous les jours à la pêche ou jouer aux boules. Nous habitons tous à Montmorillon, où nous sommes installés depuis vingt ans.

J'ai aussi de la famille dans les Alpes et à Paris. En particulier, j'aime rendre visite à mon cousin. Il habite Grenoble. Est-ce que tu as beaucoup de famille ? Est-ce que vous habitez ensemble ? J'espère te voir bientôt,
ton ami,

Nicolas.

1. The following table gives some information about the ages and occupations of each member of Nicolas' family. Copy it, then read the letter carefully on page 10 and complete the table.

Name	Age	Occupation
		Pupil
	40	
Father		
	66	
		Babyminder
Nicolas		

2. Nicolas explains what his grandmother does for a living by saying:
Elle est nourrice, c'est-à-dire qu'elle garde les bébés.
He might explain what his mother does by saying:
Elle est secrétaire, c'est-à-dire qu'elle travaille dans un bureau.
Can you match the following jobs and descriptions in a similar way?

Ma tante est	fleuriste	Il soigne les malades.
Mon cousin est	garagiste	Il ne travaille plus.
Mon oncle est	professeur	Elle vend des fleurs.
Mon frère est	ouvrier	Elle garde les enfants.
Mon grand-père est	à la retraite	Il travaille à la station service.
Ma sœur est	au pair	Il distribue les lettres.
Mon père est	facteur	Il travaille dans une usine.
Mon frère est	infirmier	Il travaille au lycée.
Ma cousine est	au chômage	Il voyage beaucoup.
Mon oncle est	représentant	Elle n'a pas de travail.

3. Work in pairs. Fill in a copy of the following form by asking your partner questions about his or her family and friends.

As-tu un(e)...?	Comment s'appelle-t-il/elle?	Quel âge a-t-il/elle?	Comment est-il/elle? (cheveux) (yeux) (taille)	Où habite-t-il/elle?	Qu'est-ce qu'il/elle fait dans la vie?
grand-père					
grand-mère					
frère aîné					
sœur cadette					
copain/copine					

cadet(te) younger
aîné(e) elder

4. Using the information you have found out in task 3, write an account of your partner's family.

Lettres d'amitié

5 A class has been writing descriptions of what some members of their families do for a living for the school magazine. The typist has got each description in a muddle! Rearrange the sentences in a logical order.

Par conséquent il voyage souvent en Europe.

Il transporte les autos neuves à l'étranger.

Mon père est routier.

Il sait donc parler français et allemand — pas grand'chose, mais ça suffit!

Elle aime beaucoup soigner les gens.

Elle est infirmière.

Le seul désavantage, c'est qu'il faut quelquefois travailler toute la nuit.

Maman travaille dans un hôpital.

Là, il lit les annonces, puis il téléphone pour prendre rendez-vous.

Tous les jours il va au bureau de placement.

Mais il espère toujours!

Mon frère est au chômage.

Malheureusement, il n'a pas encore réussi.

Elle travaille dans un grand magasin appelé 'Le Printemps'.

Ma soeur aînée vient d'obtenir un emploi.

Elle y travaille depuis une semaine seulement.

Elle est vendeuse.

Grand-père a soixante-six ans.

Il aime tout de même s'occuper un peu de quelque chose.

Il est donc à la retraite.

C'est pour cette raison qu'il fait du jardinage pour les voisins.

 6 Try to write a similar description about a member of your family or someone you know.

 7 Write a reply to Nicolas' letter thanking him for his letter, and describing your family and their jobs.

Lettres d'amitié

4 S.O.S. amitiés

Lettres d'amitié

Montmorillon, le 10 Octobre

Bonjour !

Merci pour ta lettre qui m'a fait grand plaisir. Cette fois, je t'écris de la part de ma copine Stéphanie, qui, elle aussi, voudrait correspondre avec quelqu'un.

Stéphanie n'a que douze ans. Elle est petite, mince et très très sympathique. Elle a les cheveux courts, frisés et les yeux gris. Ce qu'elle aime avant tout, c'est les animaux. A la maison, elle a deux gerbilles, une perruche verte et un chaton, c'est-à-dire un bébé-chat. Elle aime aussi les chevaux. Le weekend elle fait de l'équitation. Elle adore ça ! Mis à part les animaux, elle aime dessiner et peindre.

Est-ce que tu connais quelqu'un qui voudrait correspondre avec elle ? Elle attend une lettre avec impatience !
Moi, par contre, je n'aime pas beaucoup les animaux mais je fais beaucoup de sport. Ce que j'aime avant tout, c'est le football. Je fais partie de l'équipe de mon collège. Je suis gardien de but. A part ça, je vais souvent au cinéma et quelquefois au café avec des copains. Et toi, qu'est-ce que tu aimes faire comme passe-temps ? Ecris-moi bientôt !

Nicolas.

1 **Wanted: a penfriend for Stéphanie.**

Make a poster for your school noticeboard including as much information about Stéphanie as you can.

2 Work in pairs and take it in turns to do the following. Write a list of three hobbies and underline your favourite. Your partner will ask you what you like doing and which is your favourite, for example:

A Quels sont tes passe-temps préférés?
B J'aime lire.
A Et à part ça?
B J'aime la musique.
A Et qu'est-ce que tu aimes avant tout?
B Ce que j'aime avant tout c'est le football.

3 A friend of yours has written a letter to Stéphanie and asked you to check it. Unfortunately you've spilled some tea on it and this part of it is very unclear. Write it out again filling in the missing words.

> Je m'a_____ Claire et je voudrais correspondre avec toi. _____ treize _____ et j'_____ à Dore, près de Sheffield, avec ma f_____. Moi j'_____ aussi les anim_____, surtout les chats. A la m_____ j'ai deux c_____s et un _____ster. Ce que j'aime a_____t _____, c'est le dessin. Je d_____ tout et j'_____ ça.

Lettres d'amitié

15

Lettres d'amitié

4 This questionnaire is designed to show you how easily you make friends. Answer the questions and read the result at the end.

1. A quelle heure te lèves-tu de préférence?
   a) entre six heures et huit heures?
   b) entre huit heures et dix heures?
   c) à midi?

2. Aimes-tu faire des balades?
   a) tout(e) seul(e)?
   b) avec un(e) ou deux copains (copines)?
   c) en groupe?

3. Quelles émissions de télévision préfères-tu?
   a) les films de gangsters/les films d'amour?
   b) les émissions de 'l'Université pour Tous'?
   c) le journal télévisé?

4. S'il fait beau, comment est-ce que tu passes le temps?
   a) à jouer au rugby/au tennis?
   b) à promener ton chien?
   c) à lire un livre?

5. S'il pleut, comment est-ce que tu passes le temps?
   a) à passer tes disques?
   b) au Club des Jeunes?
   c) à faire tes devoirs?

6. Imagine que tu reçois beaucoup d'argent pour ton anniversaire. Qu'est-ce que tu voudrais acheter?
   a) une platine disque compact?
   b) un ordinateur?
   c) une moto/un vélo/un scooter?

7. Tes parents sont malades et il y a le ménage à faire – qu'est-ce que tu fais?
   a) tu sors vite?
   b) tu prépares les repas?
   c) tu fais la vaisselle et tu passes l'aspirateur?

8. Gérard t'invite à la Maison des Jeunes, mais tu ne veux pas y aller. Que fais-tu?
   a) tu ne fais rien, mais tu n'y vas pas?
   b) tu téléphones pour lui dire que tu ne veux pas y aller?
   c) tu t'excuses?

9. Tu es à l'aéroport avec ta famille. Vous partez tous en vacances. Malheureusement il y a des retards. Que fais-tu?
   a) tu joues aux cartes avec eux?
   b) tu en fais toute une scène, tu cries/tu pleures!
   c) tu lis un magazine?

10. Si tu vas à Paris, qu'est-ce que tu préfères faire?
    a) te balader sur la Seine en bateau-mouche?
    b) visiter un musée?
    c) visiter le cimetière de Montparnasse?

Réponses: Compte tes points.

1 a) 2 b) 3 c) 1   2 a) 1 b) 2 c) 3   3 a) 2 b) 1 c) 3   4 a) 3 b) 2 c) 1
5 a) 2 b) 3 c) 1   6 a) 2 b) 1 c) 3   7 a) 1 b) 3 c) 2   8 a) 2 b) 1 c) 3
9 a) 3 b) 1 c) 2   10 a) 3 b) 2 c) 1

De 20 à 30 points: Tu es affable et généreux; tu te fais facilement des amis.

De 10 à 20 points: Toi aussi, tu es sympathique, mais un peu plus sérieux – tu te fais peut-être moins d'amis, mais ce sont des amis fidèles.

De 0 à 10 points: Un petit peu trop sérieux. Essaie de sourire un peu. La vie peut être plus amusante!

Now look at this article from the same magazine, about the French pop singers, Caroline Grimaldi and Den Harrow. Read the following statements and say whether they are true or false. If a statement is false, write the correct version.

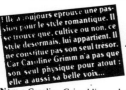

LE BOY LA GIRL de la semaine

Elle a toujours éprouvé une passion pour le style romantique. Il se trouve que, cultivé ou non, ce style désormais, lui appartient. Il ne constitue pas son seul trésor. Car Caroline Grimm n'a pas que son seul physique pour atout : elle a aussi sa belle voix...

Nom : Caroline Grimaldi.
Née le : 8 juin 1964, à Paris, sous le signe des Gémeaux.
Situation de famille : Deux frères plus jeunes, l'un d'une vingtaine d'années, l'autre âgé de seize ans. Une maman, elle aussi dans le spectacle, puisqu'il s'agit de la comédienne Sophie Grimaldi
Hobbies : Passionnée de lecture (une vénération particulière pour Proust), et de ski.
Débuts : Bébé, elle se fait remarquer par sa voix. Elle hurle tellement et tellement souvent, qu'elle finit par se casser la voix. A tel point qu'elle est obligée, quelques années plus tard de consulter un orthophoniste chargé de lui redonner un « timbre » correct. Mais cela n'est pas suffisant. Elle considère cela comme un handicap, lequel s'avère finalement être un atout. Un producteur la remarque quelques années encore après et lui trouve, grâce à cette voix cassée, un charme très particulier : il lui propose d'enregistrer alors son tout premier disque. Victoire : le public aussi apprécie...

Il est beau, il est blond, il sent bon... C'est à peu près ce que l'on pourrait dire de Den Harrow en apercevant son joli minois sur la pochette de son disque. Mais Den Harrow n'est pas que cela, il a aussi du talent et un merveilleux accent italien dont on ne se lasse pas... Et pour cause... Il est réellement italien !...

Nom : Manuel Carry.
Né : Le 4 juin 1962.
Poids : 75 kg.
Taille : 1,78 m.
Activités antérieures : Mannequin, danseur.
Le premier disque qu'il a acheté : « Careless whispers » de George Michael.
L'objet qui lui est le plus cher : Sa moto.
Programme de télévision préféré : Les actualités télévisées.
Ce qu'il préfère au cinéma : « L'homme qui venait d'ailleurs » avec David Bowie (au niveau film), Jack Nicholson et Meryl Streep (au niveau acteurs).
Plat préféré : le bifteck.
Boisson préférée : Coca-Cola.
Lieu connu préféré : Paris.
Lieu inconnu préféré : La Polynésie.
Musiciens préférés : Les Rolling Stones, Phil Collins, Queen, Kiss, George Michael, Madonna.
Hobbie : Quand il a du temps : dormir, dormir, dormir...
Ce qu'il adore : Les montres, les fringues, les gens sympas.
Ce qu'il déteste : Les gens arrogants, hypocrites, avares.

A Caroline est plus jeune que Den.
B Elle est la plus âgée des enfants dans sa famille.
C Elle aime beaucoup le ski.
D Elle n'aime pas la lecture.
E Elle a un frère et des sœurs.
F Den aime faire des balades en voiture.
G Il préfère les émissions sérieuses à la télévision.
H Ce qu'il aime boire avant tout, c'est le vin rouge.
I Il aime la musique pop.
J Il est végétarien.

 You have asked two classmates to complete a form about their hobbies and their answers appear below. Write a letter to Nicolas describing these two friends.

Nom: Kath Johnston			
Tu aimes faire de la natation? faire du karaté? faire des exercices aérobic? aller à une fête?	pas tellement ✓	beaucoup ✓ ✓ ✓	pas du tout
A part ça?	J'aime les animaux, aller au cinéma et en boîte.		

Nom: Ian Muir			
Tu aimes faire de la natation? faire du karaté? faire des exercices aérobic? aller à une fête?	pas tellement ✓	beaucoup ✓ ✓	pas du tout ✓
A part ça?	J'aime la lecture et aller à la pêche.		

Lettres d'amitié

Lettres d'amitié

5 Chez moi

Salut !

Je m'appelle Stéphanie et je suis très contente de pouvoir correspondre avec toi. C'est vraiment super !

Je vais te décrire ma maison. C'est une maison à un étage et nous avons sept pièces en tout. Il y a trois chambres ; ma chambre à moi est dans le grenier. C'est chouette ça ! Au premier étage il y a la chambre de mes parents et une chambre d'amis et aussi la salle de bains. Au rez-de-chaussée il y a une cuisine équipée, le salon style "western" et la salle à manger qui donne sur le jardin.

La maison est située à environ 5 km de la ville, à la campagne. Et toi tu habites à la campagne ou en ville ? Comment elle est ta maison à toi ?
Est-ce que tu peux m'en parler dans ta prochaine lettre ?

A bientôt j'espère

Stéphanie

1. Make a plan of Stéphanie's house from the description in her letter opposite.

2. Friends of your family are thinking of buying somewhere to live in Paris. They have made a list of what they are looking for.

Our new house!
Price limit 500,000F
at least 3 rooms
light, sunny rooms
no work to do on it
quiet area
near local shops

Help them find a suitable place from the adverts below. Which one will you recommend?

TILL

9, Bd Davout
75020 PARIS
Mo Porte de Vincennes
FERME LE DIMANCHE

372.40.44

ALEXANDRE DUMAS	Mº DAUMESNIL
agréable studio tt cft au 2e étage, refait entièrement à neuf, quartier très recherché.	3 pces dans très bel immeuble pierre de taille en parfait état, voir décoration intérieure.
119.000F crédit ttal poss.	346.000F crédit ttal poss.
RER NEUILLY	**MAISON ALFORT**
Beau 3 pces tt cft ds belle résidence récente, habitable de suite, soleil toute la journée.	joli 5 pces tt cft proche toutes commodités, habitable sans frais, très clair, calme
309.000F crédit ttal poss.	475.000F crédit ttal poss.
Mº P. DE MONTREUIL	**Mº CRETEIL**
2 pces tt cft, immeuble ancien pierre ravalé, appart. très agréable en parfait état.	beau 4 pces tt cft dans belle résidence de standing, vue sur jardin
161.000F crédit ttal poss.	445.000F crédit ttal poss.
Mº MARAICHERS	**Mº GALLIENI**
beau 2 pces tt cft immeuble ancien pierre ravalé, très propre, aucun travaux à prévoir.	vaste 5 pces tt cft vue très dégagée, avec beau balcon, affaire unique
245.000F crédit ttal poss.	530.000F crédit ttal poss.

These abbreviations and phrases will help you:

tt cft: tout confort   all mod. cons.
2e étage: deuxième étage   2nd floor
pces: pièces   rooms
sans frais   without further expense
ds: dans
proche toutes commodités   near local shops
appart: appartement   flat

3. Your French friend's family wishes to rent a holiday home in Britain. Write up the following information for them in French from these English adverts.

A

A ground floor flat in town: kitchen, living room, 2 bedrooms, bathroom, parking space*
(very modern)

B

A large 4 bedroomed house in the country with attic and garage. Quiet and sunny.

C

A small house near local shops; 4 bedrooms, one with balcony.

* un parking

Lettres d'amitié

19

Lettres d'amitié

4 Read through the advertisements below, and choose the most suitable flat in each case.

A Your family want to rent somewhere in France for a month in the summer. Father and mother like to be able to sightsee; you and your brother like swimming.

B Your uncle and aunt also want to rent a place. They like peace and quiet. They both enjoy long walks.

C Your neighbours would like to rent a luxury flat near the sea with easy car parking. They have two young children and are taking grandma along with them.

---

appartement dans immeuble ancien, STUDIO, entrée, kitchenette, salle d'eau, W.C., près du centre-ville

appartement dans immeuble récent; cuisine équipée, salle de bains, W.C., balcon, ascenseur

appartement dans immeuble ancien grand standing, 6 pces près du centre-ville, cuisine aménagée, vue dégagée, piscine à 50 mètres

très beau 6 pces tout confort; W.C., salle de bains, cuisine équipée, terrasse, au bord de la mer

immeuble ancien près de la mer; séjour, 2 chambres; soleil calme, jardin, belles promenades

appartement tout confort dans immeuble récent, séjour, 3 chambres, salle de bains, parking, terrasse, au bord de la mer

---

5 'A louer'

Your own family wants to find a French family to exchange homes with in the summer and has decided to put an advert in a French newspaper. Complete your copy of the form below in French giving details of your home.

PASSEZ VOTRE ANNONCE

6 rue Godefroy Cavaignac 75011 PARIS TEL: 372.02.45

NOM.. TEL..

ADRESSE ....

239

Ci joint un règlement à l'ordre de AJC en
Chèque Bancaire ☐
CCP ☐
Mandat ☐

ATTENTION: Pour toute annonce annulée, 30 F de frais seront retenus pour frais de dossier
DELAIS DE REMISE DES TEXTES:
Particuliers mercredi 16h.
Professionnels mardi 16h

LIGNES SUPPLEMENTAIRES: exclusivement pour particuliers 30F par ligne

Work in pairs to find out the differences between bedroom A on page 25 and bedroom B on page 31. Do not look at your partner's picture. Use the vocabulary below to help you. Take it in turns to ask questions. For example, you might ask:

Est-ce que tu as ... dans ta chambre?
qu'il y a

Make a list of the items that are in your partner's room but not in yours. You are looking for six different items each.

 Make a list of what you have in your own room.

 Memory game. Working in groups of five, take turns to name something in your bedroom, after first recalling what has previously been mentioned. Use the list you have just made to help you, for example:

Dans ma chambre il y a un hamster.
Dans ma chambre il y a un hamster et une radio.
Dans ma chambre il y a un hamster, une radio et un miroir etc.

Continue the game for as long as you can.

Write a reply to Stéphanie's letter describing your house and include a description of your bedroom.

Lettres d'amitié

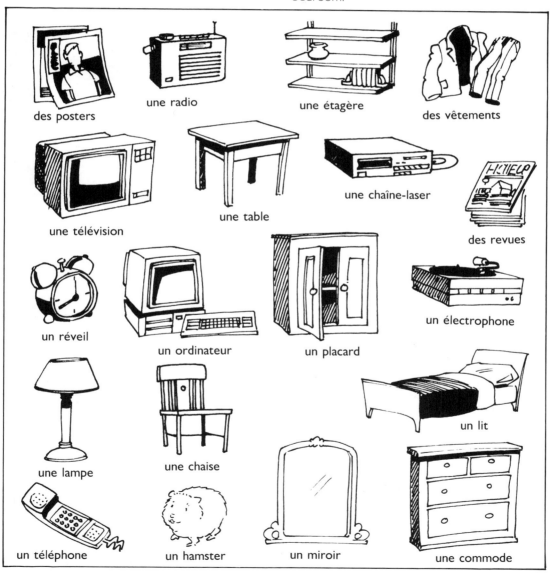

des posters — une radio — une étagère — des vêtements
une télévision — une table — une chaîne-laser — des revues
un réveil — un ordinateur — un placard — un électrophone — un lit
une lampe — une chaise — un téléphone — un hamster — un miroir — une commode

6 Mon job

Lettres d'amitié

Salut !

Je te remercie beaucoup pour ta lettre car elle m'a fait grand plaisir.

Avant tout, je t'écris pour te parler du job que je viens de trouver. Je travaille comme serveur. Tous les samedis soirs, je vais travailler dans un restaurant à Montmorillon qui s'appelle le St Hubert.

Je commence à sept heures et je me mets tout de suite à faire la vaisselle. Puis je sers à table, ce qui est assez fatigant mais amusant aussi – car certains clients font parfois des blagues.

A 10h un autre serveur, Jean-Charles, arrive et me remplace. Et voilà ! Je vais dans la cuisine où je mange un steak-frites par exemple, ou autre chose. C'est toujours très bon !

Ensuite le patron me paie et je pars vers 10.30. Avec l'argent que je gagne, je vais m'acheter une planche à voile. As-tu toi aussi un job ? Est-ce qu'il te plaît ?

A bientôt,
Simon

1 Read the letter from Simon and say which of the following are true.

A He works on Saturday afternoons.
B The restaurant where he works is in St. Hubert.
C His first task is washing up.
D He works for 3½ hours.
E Simon takes over from Jean-Charles.
F He finds work tiring but enjoyable.
G He is saving up for a sailboard.
H He always has steak for supper.
I He's not keen on the food.
J The customers enjoy a good joke.

2 Write down the details of a job you already have or one you would like to have, for example:

job	coiffeuse
day(s)	tous les samedis
hours	09.00 – 17.00
pay	£10
saving for	un vélo

nom	petit job	jour(s)	heures de travail	argent gagné	veut acheter

Work in pairs. Interview your partner and fill in the first section of your copy of the above questionnaire with information about your partner's job.

Read the magazine interview, and when it is your turn to ask the questions, use it to help you. When it is your turn to answer, remind yourself of your answers in task 2 and use the table below to help you.

Work with a different partner and fill in the same form using the information you get from that partner.

Qu'est-ce que tu fais?
Je travaille chez un coiffeur.
Quand est-ce que tu travailles?
Tous les samedis.
Tu commences à quelle heure?
A neuf heures.
Tu finis quand?
A dix-sept heures.
Tu gagnes combien par semaine?
£10.
Qu'est-ce que tu veux acheter avec cet argent?
Un vélo.

Je travaille I work	comme as (a)	**babysitter** babysitter **vendeur/vendeuse** sales assistant **serveur/serveuse** waiter/waitress **caissier/caissière** cashier
	dans in	**un magasin** a shop **un café** a café **un restaurant** a restaurant **un hôpital** a hospital **une agence de voyages** a travel agent's **un supermarché** a supermarket **une station-service** a petrol station **un hôtel** a hotel
		chez un coiffeur at a hairdresser's **au marché** at the market

Avec l'argent que je gagne, je veux acheter With the money I earn, I want to buy	**un vélo** a bike **des cadeaux de Noël** some Christmas presents **des disques** some records **des vêtements** some clothes **un électrophone** a record player **un ordinateur** a computer **une radio** a radio **un chaton** a kitten

Lettres d'amitié

BABYSITTER REQUIRED
Fri or Sat eves.
8–12pm £2.00 per hour.
Tel Blackpool 72182

Hairdresser's assistant required
Weekday eves. 5–7pm.
£3.00 per hour.
For interview contact Pat Young on tel: 721100.

Wanted: young person to help in record shop. Saturday afternoons 2–5.30pm. £7.00.
Tel: Cleveleys 41697

Waiter/Waitress
required for town centre restaurant. Weekends during summer 11–3pm or 6–10pm. £8.00 per session plus tips. Contact Mr Lewis for interview on tel: 84301

WANTED
Boys and girls for delivery of NEWSPAPERS in your own area.
Weekday mornings 7–8am. £6.00 per week.
Tel: St Annes 848862

> **5** Reply to Simon's letter, describing the Saturday job you have just got. You can use the information in these adverts or describe your real job. Tell him also what you intend to do with the money you earn.

Lettres d'amitié

7 Mon emploi du temps

Lettres d'amitié

Montmorillon, le 9 novembre

Salut,

J'ai reçu ta lettre avec grand plaisir et je te remercie beaucoup. Cette fois-ci je vais te parler de mon emploi du temps.

Je suis en troisième au collège, et cette année il faut prendre les études au sérieux! J'étudie dix matières en tout et j'ai neuf heures de travail à la maison chaque semaine. Mes matières préférées sont l'espagnol et la musique. Je ne suis pas très fort en maths et je n'aime pas tellement la gymnastique. Par contre, j'adore le sport, surtout le football et la natation.

La journée scolaire commence à huit heures. Le matin, il y a quatre cours d'une heure. L'après-midi, nous reprenons à deux heures pour finir à cinq heures, ce qui fait encore trois heures de cours.

Le lundi nous commençons avec deux heures d'anglais suivi de deux heures de mathématiques. L'après-midi nous étudions la géographie et ensuite l'espagnol.

Le mardi matin: français, maths puis deux heures de dessin. L'après-midi il y a encore une heure de français suivie de deux heures de philosophie.

Le mercredi matin, il y a musique suivi d'une heure d'études et après ça deux heures de sport. L'après-midi, il n'y a pas de cours. On finit à midi. C'est chouette, ça!

Le jeudi matin, on a deux heures de sciences naturelles et deux heures d'études. L'après-midi c'est comme le lundi après-midi.

Le vendredi, on commence avec deux heures d'espagnol. Après ça, il y a deux heures d'études. L'après-midi, il y a deux heures d'anglais et ensuite gymnastique.

Le samedi, on a trois heures de cours : français, espagnol et maths.

Comment est ton emploi du temps à toi ? Veux-tu me le décrire ? Est-ce que tu as beaucoup de devoirs toi-aussi ? Quelle est ta matière préférée ? Est-ce qu'il y a une matière que tu n'aimes pas du tout ?

Écris-moi bientôt

Ton ami

Daniel.

Lettres d'amitié

1. Read Daniel's letter and then write out his timetable in English, showing which subjects he has on which days and at what times.

2. Now make a list in English of the main differences between his school week and your own. Which do you prefer?

3. Look again at the subjects Daniel says he studies in his letter. Make a list of these in French and add to the list any subjects that you study but Daniel doesn't. Use the vocabulary below to help you. Go through your list and put a tick beside all the subjects you study.

basketball	le basket
biology	la biologie
business studies	les cours commerciaux (m)
chemistry	la chimie
computer studies	l'informatique (f)
cricket	le cricket
drama	le théâtre/l'art dramatique
German	l'allemand
hockey	le hockey
Latin	le latin
netball	le netball
physics	la physique
practical subjects (e.g. woodwork)	les travaux manuels
religious education	l'instruction religieuse
rugby	le rugby
shorthand	la sténo(graphie)
social studies	la sociologie
tennis	le tennis
typing	la dactylo(graphie)

27

Lettres d'amitié

4 Work in groups of about six. On your copy of the survey sheet, shown below, write in the names of the others in your group. See how much information you can fill in about each person's likes and dislikes at school. Ask one another questions in French using the model to help you. Reply in French, using the model and the subject lists you wrote for task 3 for reference.

Name	No. of subjects studied	Subjects liked	Subjects not liked	Subjects good at	Subjects not good at	Favourite subject(s)

Questions
Tu étudies combien de matières en tout?   How many subjects do you study in all?
Tu aimes...?   **Aimes-tu...?** Do you like...?   **Est-ce que tu aimes...?**
Tu es fort(e) en...? Are you good at...?
Quelle est ta matière préférée? What is your favourite subject?   **Quelles sont tes matières préférées?** What are your favourite subjects?
Quelle est la matière que tu aimes le moins?   Which subject do you like the least?   **Est-ce qu'il y a une matière que tu n'aimes pas du tout?**   Is there a subject that you don't like at all?

Réponses
J'étudie sept/huit matières en tout I study seven/eight subjects altogether
Oui, j'aime le/la... Yes, I like...
Non, je n'aime pas le/la... No, I don't like...
Oui, assez fort(e) Yes, quite good   **Oui, très fort(e)** Yes, very good   **Non, pas très fort(e)** No, not very good
Ma matière préférée c'est le/la... My favourite subject is...   **Mes matières préférées ce sont le/la... et le/la...** My favourite subjects are... and...
La matière que j'aime le moins c'est le/la... My least favourite subject is...
Je n'aime point le/la... I don't like... at all   **Je ne peux pas supporter le/la...** I can't stand...

When everyone in the group has completed their survey sheet, notice where the majority of people agree, and then write up the majority result in French on a copy of the form below. One member of the group can read the results to the rest of the class.

It will be interesting to compare your results with those of the other groups. Then as a class or a group you could make out a 'Top Ten' in French of the most popular subjects.

La plupart des élèves	étudient .... matières.	
	aiment	
	n'aiment pas	
	sont forts en	
	ne sont pas forts en	
La matière préférée avant tout c'est		

 Work in pairs. One of you has a copy of timetable A. The other has timetable B. See if you can each fill in the gaps in your timetable by asking each other questions such as:

Que fais-tu le lundi à dix heures vingt?
Quels devoirs as-tu le mardi?
C'est tout?

When you have completed your timetable, compare it with your partner's. They should be exactly the same!

 You will be given six subject cards each. Imagine that these are the subjects you study. Look at the model on page 30 and find three jobs, each of which will use two of these subjects. Now complete the following sentence for each of the three jobs you have chosen.

J'étudie ... et ... car je veux devenir .../ travailler .../jouer dans ...

You could exchange your six cards with someone else's if you want more practice.

Lettres d'amitié

Lettres d'amitié

Que veux-tu faire dans la vie? What do you want to be?		
Je veux I want	devenir to become	**comptable** an accountant **acteur/actrice** an actor/actress **hôtesse de l'air** an air hostess **athlète** an athlete **employé/employée** a clerk **danseur/danseuse** a dancer **dentiste** a dentist **dessinateur/dessinatrice** a designer **docteur** a doctor **chauffeur/chauffeuse** a driver **pompier** a fireman **footballeur** a footballer **gymnaste** a gymnast **journaliste** a journalist **musicien/musicienne** a musician **infirmier/infirmière** a nurse **aviateur/aviatrice** a pilot **agent de police** a policeman **femme-agent** a policewoman **chanteur/chanteuse** a singer **soldat** a soldier **professeur** a teacher (secondary school) **instituteur/institutrice** a teacher (junior school) **vétérinaire** a vet
	travailler to work	**à l'étranger** abroad **dans une usine** in a factory **dans un garage** in a garage **dans un musée** in a museum **dans un bureau** in an office **en plein air** in the open air **dans une école** in a school **dans un magasin** in a shop
	jouer to play	**dans une équipe de football** in a football team **dans un groupe** in a group **dans un orchestre** in an orchestra

 Make a copy of your own timetable in French.

 Write a reply to Daniel's letter describing your school timetable and answering the questions he asks. Tell him which subjects you prefer, which ones you're good at and so on.

Lettres d'amitié

8 Une journée typique

Lettres d'amitié

Salut !

Merci beaucoup pour ta lettre. Comme tu me demandes de décrire une journée typique à l'école, voici ma réponse.

D'abord, tous les lundis, je me lève à sept heures et demie. Je me lave vite et puis je descends dans la cuisine où je prends le petit déjeuner avec ma soeur. Je préfère le chocolat chaud avec des croissants ou des biscottes avec de la confiture. D'habitude, j'écoute les informations à la radio. Puis je me lave les dents et je fais mon lit. A huit heures et quart, je pars à l'école. J'y vais à bicyclette. Ça prend à peu près cinq minutes.

Dans la cour, je parle avec mes copains. Les cours commencent à huit heures et demie. Le lundi, j'ai deux heures de sport. Ensuite, j'ai une heure de français. Pendant la récréation je mange une tartine et un quart d'heure plus tard je vais en maths. Ça dure une heure et je trouve ça ennuyeux !

Je déjeune à la cantine et l'école recommence à deux heures. L'après-midi je vais en anglais puis en espagnol et j'ai une heure d'étude où je fais mes devoirs.

A cinq heures, je rentre à la maison et je suis très fatigué. Le soir je regarde la télé et je téléphone à mes amis. Et toi, une journée à l'école chez toi c'est comment ? C'est fatigant ? Ecris-moi vite !

Stéphane

Stéphane has written below a brief account of his school day, but has got it rather muddled. Can you rearrange the sentences to describe his day correctly, according to the description he has given in the letter opposite?

Je prends mon petit déjeuner.
J'ai une heure d'étude.
Je parle avec des amis.
Je me lève à 7h 30.
J'écoute les informations.
Je fais mon lit.
Je rentre à la maison.
L'école recommence.
Je mange à la cantine.
Je me lave les dents.
Je fais de la gymnastique.

 The maths teacher has asked Stéphane to write up details of his day on a pie chart. Can you help him to do this, using the information given in his letter? Below you'll see the first part of the day has already been filled in.

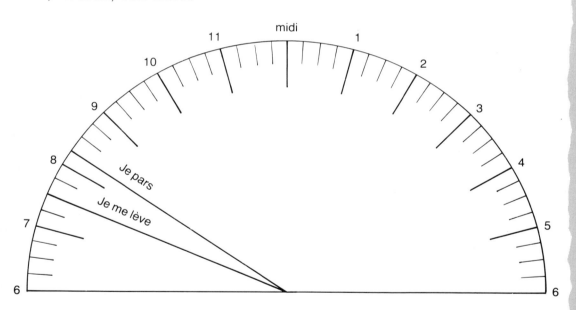

Lettres d'amitié

Lettres d'amitié

3 Work with a partner. Your teacher will give you two charts. One of you takes chart A, the other, chart B. Put together, the charts give you a complete day. Take turns to ask one another questions so that you can fill in the blanks on your chart. Compare charts at the end; they should look the same. Below are some useful questions.

A quelle heure est-ce que tu ...? What time do you ...? Quand est-ce que tu ...? When do you ...?		te réveilles wake up te lèves get up te laves wash t'habilles get dressed te couches go to bed t'endors go to sleep	
	prends have	ton petit déjeuner breakfast ton déjeuner lunch ton goûter tea ton dîner dinner tes cours lessons	
	fais do	du sport sports tes passe-temps your hobbies	
	commences start	ton petit déjeuner your breakfast tes devoirs your homework	
	finis finish	tes cours your lessons	le matin in the morning l'après-midi in the afternoon
		pars pour l'école set off for school rentres chez toi go home regardes la télé watch TV	

A quelle heure commence/commencent ...?   What time does/do ... begin?

Qu'est-ce que tu fais ensuite?   What do you do next?

Qu'est-ce que tu fais à ... heures?   What do you do at ... o'clock?

4 Work with a partner. Your teacher will give you each a blank pie chart, with only the hours filled in round the outside. Write your partner's name at the top. Decide together on a specific day of the week, as Stéphane did, or talk about a typical day. Now ask your partner questions in French about his or her day and fill in the blank chart accordingly. When you have both finished swop charts and check that your partner has shown your day correctly.

5 Reply to Stéphane's letter, using the chart about your own day prepared in task 4 to help you.

9 Une soirée typique

Bonjour!
Comment vas-tu? Moi, je vais très bien. Tu m'as demandé de te dire comment je passe mes soirées. Eh bien, voilà:
à 16h30, je termine mes devoirs. Je rentre à pied à la maison avec mon amie Eloise. Le trajet dure environ une demi-heure. Lorsque j'arrive à la maison, je prends mon goûter: un pain au chocolat de préférence, et je regarde les informations sur la 3ème chaîne.
Ensuite, je vais faire mes devoirs. Nous avons en général trois matières à travailler chaque soir, voire plus pendant le week-end. Je travaille environ une heure et demie tous les jours. Ce n'est pas amusant, tu sais!
J'étudie les maths, l'anglais, l'espagnol, l'informatique, le dessin, la biologie, la géographie et le français. J'ai donc des devoirs à faire dans toutes ces matières.
À 20 heures, je mange mais avant je dois mettre la table si c'est mon tour. À la fin du repas, je débarrasse la table et je passe un coup d'aspirateur sous la table.
Après, je vais faire ma toilette et si j'ai fini mes devoirs, je peux regarder le film à la télévision. Je préfère les films policiers et les actualités, et toi? Je dois dire que je passe en moyenne deux heures par jour devant la télé. Certains pensent que c'est trop mais après tout, pourquoi pas!
Si je n'aime pas le film à la télévision, je vais lire dans ma chambre. J'aime beaucoup les romans d'aventure.
Je vais au lit vers 22h30.
Écris-moi bientôt et raconte-moi à ton tour une de tes soirées.
  Ton amie.
  Chantal.

> **1** Draw a grid of Chantal's evening showing what she does and when, along the following lines:

4.30	walks home from school with friend
5.00	
5.30	
6.00	
7.30	
8.00	etc.

> **2** How does Chantal's evening compare with your own?
> A Does she spend more time on homework than you?
> B Does she watch more television than you?
> C Do you like the same sort of TV programmes?
> D Do you like the same sort of books?
> E Which of you goes to bed earlier?

Lettres d'amitié

3 Below you will see some pictures describing Michel's evening. Write an account of his evening as though you were Michel.

4.30

5.00

5.30 – 7.30

7.30

8.00

8.15 – 9.30

9.30

10.00

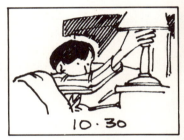
10.30

4 Make out a grid as in task 1 to show what you do when you get home from school and at what times. Fill it in in French. Below is some vocabulary to help you.

A... heures At... o'clock	je rentre	I go home	
	je mange I eat	des biscuits	some biscuits
		du chocolat	some chocolate
		un morceau de gâteau	a piece of cake
		du pain grillé	some toast
		un sandwich	a sandwich
		une tartine	a slice of bread and butter or jam
	je fais I do	mes devoirs	my homework
		le ménage	the housework
		la vaisselle	the washing up
	je nettoie I clean	la pièce	the room
		ma chambre	my bedroom
	je passe l'aspirateur	I do some hoovering	
	je regarde la télévision	I watch television	

Work with a partner and find out what a typical evening is like for him or her. Ask one another questions in French. Then make notes showing what your partner does and when.

A quelle heure est-ce que tu...? What time do you...?	rentres go home manges eat te couches go to bed t'endors go to sleep regardes la télé watch television

Quand est-ce que tu...? When do you...?	fais do	tes devoirs your homework tes passe-temps your hobbies
	prends have	ton dîner dinner ton goûter tea
	finis finish	tes devoirs your homework

Est-ce que tu...?   Do you...?

A quelle heure commence/commencent...?   What time does/do...begin?

Qu'est-ce que tu fais ensuite?   What do you do next?

Qu'est-ce que tu fais à...heures?   What do you do at...o'clock?

 Jean-Marie's parents are both unwell this week. He's decided to draw up a timetable to show his form tutor how overworked he is in the evening and why he can't possibly fit in his homework as well. Can you help him to select the most suitable tasks to fill in his timetable? Not all of them will be appropriate.

4.20
4.30
4.50
5.10
5.45
6.00
6.30
7.00
8.00
9.00
10.00
11.00
11.30

je fais la vaisselle
je rentre
je fais les courses
je lis le journal
je tonds la pelouse
j'écoute la radio
je prépare le goûter
je promène le chien
j'essuye la vaisselle
je fais la lessive
je passe l'aspirateur
je fais mes devoirs
je regarde la télé
je mets la table
je prépare le dîner
je fais du jardinage
j'écoute mes disques
je sors
je joue au football
je prends un bain
je donne à manger au chien
je me couche
je lis un livre
je repasse le linge

7 Write a letter to your penfriend describing a typical evening at home.

Lettres d'amitié

10 Mes loisirs

Lettres d'amitié

Montmorillon, le 3 février 89.

Bonjour !

J'ai reçu ta lettre ce matin et je m'empresse d'y répondre. A Montmorillon, il n'y a pas beaucoup de distractions car c'est une petite ville. Il y a un cinéma bien sûr et on peut faire les magasins mais pour faire des achats dans les grands magasins il faut aller à Poitiers.

Pendant mon temps libre j'aime faire du sport. Par exemple, le mercredi après-midi à l'U.N.S.S., l'athlétisme, le basket, le hand, le foot. Si je reste à la maison je regarde la télévision, j'ai beaucoup d'amis et je m'amuse bien mais pendant les vacances c'est ennuyeux ! Tous mes copains sont partis en vacances en Tunisie, en Espagne, sur la Côte d'Azur, pendant que moi, je reste tout seul... Le matin, je me lève tard et j'aide mes parents à faire le ménage et l'après-midi, quand il fait beau, je vais à la piscine. Le soir, en général, je regarde la télévision. C'est bien parce que pendant les vacances il y a des programmes pour les jeunes, mais j'aime aussi aller à une surprise-party, aller en boîte, faire du camping ou de la planche à voile. C'est plus intéressant que faire le ménage !

Que fais-tu pendant le week-end et pendant les vacances ? Ecris-moi bientôt !

Nicolas.

> **1**
> A Make a list of what Nicolas likes to do in his spare time, and another of what he likes to do during his holidays.
> B Which three things could you do if you spent some time in Montmorillon?
> C Explain how Nicolas spends a typical day during his holidays.

2 With a partner look at these pairs of activities.

Decide in each case which of the two you prefer and why. Take it in turns to ask your partner which activity is preferred and why.

See how many times you agree. Use this table to help you.

Qu'est-ce que tu préfères faire? Which do you prefer doing?				
Je préfère I prefer	**aller à la pêche** going fishing **aller voir un film** going to see a film **aller aux fêtes** going to parties **danser** dancing **faire de la natation** going swimming **faire des randonnées à pied** going for walks **faire de l'aérobic** doing aerobics **faire du ski** skiing **jouer aux jeux vidéos** playing video games **lire** reading **regarder la télévision** watching television	**car c'est** because it is	**plus** more **moins** less	**salutaire** healthy **amusant** fun **cher** expensive **intellectuel** intellectual **passionnant** exciting

3 Work in pairs on the holiday activities below. One of you asks the other how he or she spends time on holiday, and fills in a copy of the chart with the results. Then swop over so the other has a chart to fill in.

Est-ce que tu aimes...?	un peu	beaucoup	pas du tout	TOTAL
aller aux fêtes foraines				
faire des randonnées en auto				
faire des excursions en car				
faire des marches à pied				
jouer au golf				
jouer au tennis de table				
lire				
nager				
te faire bronzer				
visiter les musées				

Divide into groups and give your answers to one person, who will write up the group's results in the last column of the chart, and then speak for you all. When the teacher asks what your group's results are, this person will say, for example:

**Trois personnes aiment faire de la natation.
Deux personnes aiment se faire bronzer.**

Lettres d'amitié

▶ **4** Your friend's penfriend has sent an illustrated letter describing her hobby. Help write it up.

Le dimanche matin je me lève de bonne heure et je fais ma toilette.

Après ça je prends . Puis papa me prend en

au centre d'équitation, car ce qui me passionne avant tout, c'est

les .

D'abord il faut aux chevaux et nettoyer les stalles.

Cela prend deux heures. Ensuite il faut  les chevaux.

Pendant ce temps le patron prépare le déjeuner, et à midi on mange,

généralement .

L'après-midi, on peut 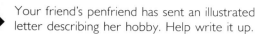. C'est super! Ensuite on les brosse

encore, et on les laisse libres dans le champ.

J'adore ce travail. Quand je quitte le collège je voudrais trouver un

job dans un centre d'équitation.

donner à manger to feed
faire une promenade à cheval to go horse-riding
nettoyer to clean, muck out
panser to groom (a horse)

▶ **5** Write a reply to Nicolas' letter, describing what you do at weekends or in the holidays.

Lettres d'amitié

11 Une invitation

Lettres d'amitié

Montmorillon le 5 avril

Bonjour,

J'ai de bonnes nouvelles pour toi et moi ! Hier maman a dit : "veux-tu faire un échange avec ton gentil petit ami en Angleterre ? Ecris-lui pour lui demander s'il est d'accord."

Ce serait chouette, tu ne penses pas ? Tu pourrais venir au mois de juin pour passer deux ou trois semaines chez nous. Ensuite, si tes parents le veulent bien je pourrais retourner avec toi en Angleterre.

Tu ferais bien de choisir la traversée Douvres-Calais, en prenant l'hovercraft peut-être. Arrivé à Paris, il faut traverser la ville pour aller de la Gare du Nord à la Gare d'Austerlitz. Là, tu prends l'express pour Limoges, puis l'omnibus pour aller à Montmorillon. C'est assez compliqué. Je pourrais venir à Paris à ta rencontre si c'est le week-end.

Si tu viens au mois de juin, tu pourras m'accompagner au collège. Ce serait intéressant pour toi, je crois. Je pourrais te présenter à mes copains, et tu pourrais assister à mes cours. Imagine, l'anglais, les maths, l'histoire, les sciences, le tout enseigné en français – tu vas être pris de vertige !

Veux-tu me dire ce que tu voudrais faire chez moi ? Est-ce que tu as des préférences ? Aimes-tu visiter les musées, les sites historiques, les magasins ? Et en sport que préfères-tu, le squash, le volleyball, la natation, par exemple ? Aimes-tu aller en boîte, au cinéma, ou rester à la maison le soir ?

Je serai très content si tu pouvais venir. J'attends ta réponse avec impatience.

Ton ami, Jules

1 Write a note for your parents giving details of this invitation. Say which of the suggestions you would like to do and which you'd rather not do.

2 A friend of yours wants to invite her penfriend to stay. Help her write a short invitation. She has made these notes:

> Marie-Claire Dubois. Lives at 4 Rue Gabrielle, Abbeville.
> Visit in May? 1 wk/10 days
> Things we can do: horse-riding, swimming, tennis.
> Check how travelling — if she comes by ferry Dad can meet her at Dover.

3 Another friend of yours has received this invitation which he is unable to accept. Help him write a reply.

> Le 14 mars
>
> Cher Tom,
> Tu peux venir chez moi à Pâques pour une semaine? On pourra faire de la voile et du vélo! Écris-moi bientôt.
>
> Marc.

Use this table to help you.

		je dois... I have to...
Je regrette I'm sorry		**c'est l'anniversaire de...** it's...'s birthday
Je suis désolé(e) I'm sorry	**je ne peux pas accepter car** I can't accept because	**...est malade** ...is ill
Je suis très déçu(e) I'm very disappointed		**nous avons déjà organisé...** we have already made arrangements for...
		nous allons visiter nos grandparents we shall be visiting our grandparents

Lettres d'amitié

Lettres d'amitié

 Work in pairs. Your teacher will give you two sets of 8 cards; set I represents invitations, set E represents excuses. Pick up the top card of set I and try to put the invitation into words. Your partner does the same with the top card of set E. See how far down the pile you can get. Here are some invitations and excuses as a guide:

Invitations		Excuses	
Veux-tu aller…? Would you like to go…?	**en boîte** to a disco **au cinéma** to the cinema **au match** to the match **au café** to the café **faire une randonnée en auto** for a car ride **faire une randonnée à vélo** for a bike ride **faire une randonnée à pied** for a walk **nager** for a swim	**je regrette** I'm sorry	**j'ai** I have	**trop de ménage** too much housework **trop de devoirs** too much homework **un rendez-vous à … heures** an appointment at … o'clock
			je suis I am	**à court d'argent** short of money **malade** sick
			je dois I have to	**réparer mon vélo** repair my (motor)bike **aller à l'hôpital** go to the hospital **acheter un cadeau pour ma mère** buy a present for my mother

 Work in pairs. Your teacher will give you each a map of France. By taking turns to ask one another questions, fill in the gaps on your map. For example:

Qu'est-ce qu'on peut faire à Reims? What can we do in Reims?
On peut visiter la cathédrale. We can visit the cathedral.

 With a partner take it in turns to suggest going to various towns in France. The map opposite will provide ideas for this. Your partner must find an excuse each time for not going. Use the above table to help you. For example:

Veux-tu aller à Cannes?
Je regrette, je suis à court d'argent.

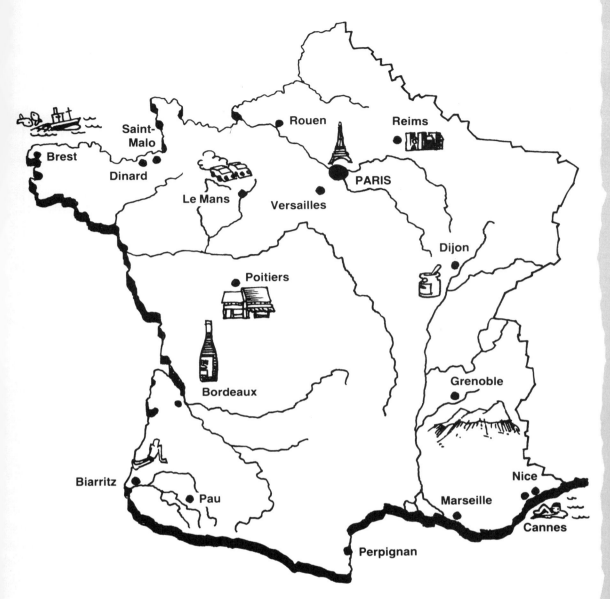

Lettres d'amitié

7 You are about to send an invitation to your penfriend to come and stay with you. Jot down in French six things you can do which you think your guest would enjoy.

8 Reply to Jules' letter, accepting the invitation and asking when Jules can come back to visit you.

12 Ma ville

Lettres d'amitié

Ciao !

Je te remercie de ta lettre et je suis très contente que tu me rendes visite. Maintenant je vais te décrire ma ville.

Comme tu sais, c'est une assez petite ville. Moi, j'habite près du centre-ville et on peut y aller à pied ou en autobus. Dans le centre-ville il y a une belle place avec des arbres. Sur la place il y a la mairie avec la boulangerie à droite et la pharmacie à gauche. En face de la mairie se trouve l'église où je vais tous les dimanches. Toi aussi? Tu vas à l'église? À gauche c'est le café et en face de la pharmacie, la poste. Ensuite il y a des magasins et tous les vendredis il y a un marché sur la place. Là on peut acheter beaucoup de choses: des légumes, des fruits, des œufs et du fromage, toutes sortes de viande et de pain et des fleurs aussi. Ma mère y va car c'est moins cher que dans le supermarché. Il y a un marché dans ta ville?

Dans la rue Grimaldi il y a le cinéma et au coin de cette rue l'Hôtel Splendide. Notre école se trouve dans la rue de Napoléon et en face dans le parc il y a la piscine.

La gare est dans la rue Victor Hugo et j'irai te chercher là quand tu arriveras. C'est comment, ta ville? Tu m'envoies une carte postale?

A bientôt
Michelle

This is a plan of part of Michelle's town. Fill in the places she mentions in her letter on your copy of the plan.

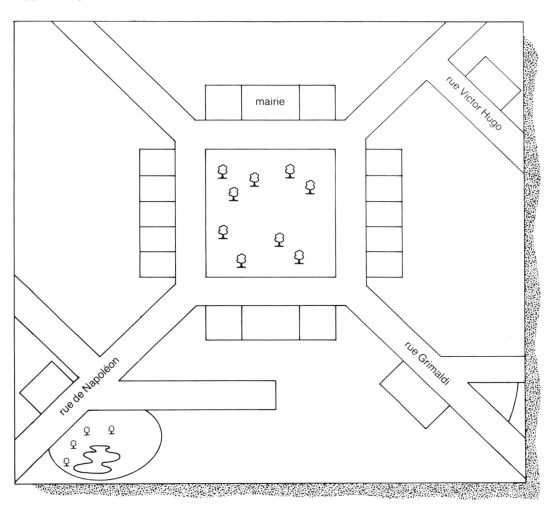

 Work in pairs. Your teacher will give you each a plan.
Whoever has plan A has to work out the positions of **la pâtisserie, la charcuterie, la parfumerie, la papeterie, la gendarmerie,** at the left-hand side of the square.
Whoever has plan B has to do the same for the right-hand side of the square, near the rue Victor Hugo. The places on this side are **la boucherie, le café, le coiffeur, le garage, la poissonnerie.**

The question to ask is:
Où se trouve le/la ... s'il vous plaît?
The reply will be one of the following:

Il/elle se trouve It is	**à droite du/de la ...** on the right of **à gauche du/de la ...** on the left of **à côté du/de la** beside **au coin de la rue** on the corner of the street **entre** between

47

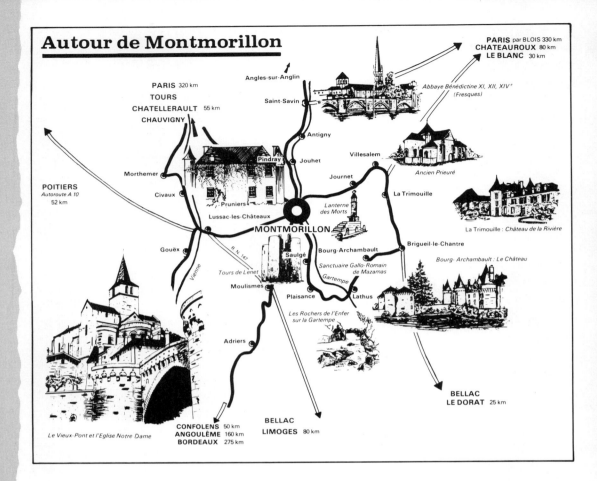

 Using the map above, see if you can correct or complete the following statements.
1. La ville de Montmorillon est située à 80 km de Poitiers.
2. Il y a une abbaye tout près.
4. La ville de Limoges est tout près.
5. Près de Villesalem il y a une piscine.
6. Près de Montmorillon il y a une rivière qui s'appelle...
7. Paris est situé au nord-est de Montmorillon.
8. Les Rochers de l'Enfer sont sur le flanc d'une montagne.

 You have been asked to write a paragraph to describe your town or village and its position for your penfriend's school magazine. Use the table opposite to help you.

C'est It's	une grande ville a city une ville a town un village a village	pas loin de … not far from … près de … near …

Il/elle est situé(e) à … km de … It is … km away from …		
au nord to the north au sud to the south à l'est to the east à l'ouest to the west au nord-ouest to the north-west au sud-est to the south-east		d'ici of here de Birmingham of Birmingham

Dans les environs il y a Just outside the town there is	une forêt a forest un lac a lake des collines hills

Au centre-ville il y a In the town centre there is	un cinéma a cinema un centre commercial a shopping centre un centre de sports a sports centre

Pour s'amuser on peut To relax you can	aller à la piscine go to the swimming pool aller en boîte go to a disco faire les magasins go round the shops

La mer est the sea is Les montagnes sont the mountains are	tout près very near pas trop loin not too far away

 Make a poster attracting visitors to your town.

 Write a reply to Michelle's letter answering her questions and describing your town.

Go round the class with your copy of this card, finding different people whose names you can fill in in the spaces. You can ask each person only one question, so you should have a different name on each line. The activity ends when someone has filled in all the lines.

Trouvez quelqu'un qui:

1 .... habite dans une maison.
2 .... habite dans un appartement.
3 .... habite près d'une boutique.
4 .... habite près d'un arrêt d'autobus.
5 .... habite près de la gare (à moins de 2 km).

13 Manger et boire

Bonjour !

Tu m'as demandé de te dire ce que j'aime et ce que je n'aime pas manger.

Alors, j'aime presque tout et j'ai un grand appétit. Par exemple, j'adore le bifteck et les côtelettes et avant tout j'aime le veau. La viande que je ne mange pas, c'est le lapin, et je n'aime pas beaucoup les hamburgers non plus. Est-ce que tu manges du poisson chez toi ? Ça j'aime bien !

Comme légumes je mange des frites et toutes sortes de haricots, mais je déteste le chou (sauf le chou-fleur.) J'adore les fruits mais pas les bananes.

Après le fromage, je prends toujours un dessert, avec, si possible, beaucoup de crème fraîche, mais pas de yaourt.

Pour le petit déjeuner je bois du chocolat et quelquefois du café au lait et pendant la journée je prends des boissons fraîches, mais pas de coca-cola. J'ai horreur de ça !

C'est bien la cuisine anglaise ? Vous mangez beaucoup de pommes de terre, n'est-ce pas ? Vous buvez souvent du thé ? Le dimanche, vous mangez toujours du rosbeef avec du 'Yorkshire pudding' ? C'est vrai que les jeunes mangent surtout des frites et des hamburgers ?

Et toi, qu'est-ce que tu aimes manger ?

Ecris-moi vite

Nicole

1
A Make lists of what Nicole likes and doesn't like to eat.
B What impression does she have of English cooking? Is she right?
C Are her tastes in food like yours?

2
You are in a restaurant in Montmorillon, and are looking at the menu below. With a partner, complete the conversation which might take place between yourself and the waiter. Choose from the menu what you would like and take it in turns to play the part of the waiter. Your teacher will give you each a role card.

3 Referring to the menu, complete the sentences which follow it:

MENU

pour commencer
soupe
crudités
pâté
jambon

viande
porc
veau
agneau

légumes
carottes
petits pois
haricots verts
courgettes

dessert
crêpes
glaces
fromage
fruits

boissons
orangina
coca-cola
vin rouge
cidre

HUITRES · DIVERS
SANDWICHES · PATISSERIES
Pain de mie ou Baguette

Saumon Fumé (Pain de mie)	43,00
Jambon Cru	33,00
Jambon Cru et Gruyère	40,00
Jambon ou Gruyère	22,00
Mixte (Jambon Gruyère)	25.50
Saucisson ou Rillettes	22,00
Hot Dog	23,50
Toast au Pain et Beurre	16,00
Beurre	5,70
Confiture	7,70
Croissant	8,70
Pâtisseries (voir notre carte)	28.00
Gâteau du Jour	30,00
Tarte Tatin (Chaude ou Froide)	32,00
(en hiver seulement)	
Cake	22,00

A Le sandwich de jambon cru est moins cher que...
B J'aime beaucoup...
C Je n'aime pas tellement...
D Le (Les)... est (sont) plus délicieux que...
E Ce que je préfère, c'est...

Lettres d'amitié

4 Work with a partner. Your teacher will give you each a half-completed menu. By questioning your partner, find out what should go in the blank spaces.

> **qu'est-ce qu'il y a?** what is there?
> **pour commencer** to start (with)
> **à part** besides
> **quelle sorte de... y a-t-il?** what sort of... are there?
> **c'est quelle sorte de...?** what sort of... is it?

5 Go round the class with your copy of this card, finding different people whose names you can fill in in the spaces. You can ask each person only one question, so you should have a different name on each line. The activity ends when someone has filled in all the lines.

Trouvez quelqu'un qui:

1 .... n'aime pas le chocolat.
2 .... a bu du coca-cola hier.
3 .... aime les crudités plus que les frites.
4 .... aime les escargots.
5 .... aime mieux les oranges que les chips.

6 Write a reply to Nicole's letter, describing your likes and dislikes.

Lettres d'amitié

14 Mes projets

Chers Papa et Maman,

Je suis bien arrivée en Angleterre. Ils sont tous très gentils dans ma famille. Katharine m'a dit ce que nous allions faire pendant mon séjour.

Lundi, nous irons à la piscine et le soir au cinéma — on va voir un film en anglais ! Le lendemain, nous irons à Portsmouth où il y a l'épave de la Marie-Rose et le D-Day Museum. Mercredi après-midi, nous voulons aller à la patinoire : ça va être génial ! Jeudi, on va faire des tournois au stade (Français contre Anglais). Et puis enfin, vendredi, nous irons à Londres. Le week-end, il n'y a rien de prévu mais je pense que nous retournerons à la patinoire, puis nous irons probablement jouer au bowling et sûrement faire beaucoup de shopping.
Voilà donc mon emploi du temps pour la semaine !

Grosses bises et à lundi !

Bernadette

Lettres d'amitié

> **1** Copy and complete this diary page to show how Bernadette is planning to spend her week.

Mon	
Tues	
Wed	
Thurs	
Fri	
Sat	
Sun	

Lettres d'amitié

▷ 2 Work with a partner. You and your partner each have a penfriend visiting at the same time but have different plans for the week. Your teacher will give you a note of what these plans are.
Find out:
A what your friend is doing each day.
B when you might meet for a party.

▷ 3 In French, write up what you are planning to do based on the notes you have been given.

▷ 4 Write a letter to a penfriend saying what you have planned for him or her based on this chart.

15 En vacances

Lettres d'amitié

Chère Pascale,

Ça va? Moi je vais bien et je m'amuse ici à Harrogate. Il fait beau et il y a beaucoup de distractions. Je suis bien arrivée lundi après-midi vers trois heures (je suis partie de la maison à huit heures). Sally était à la gare et nous sommes allées à la maison en autobus. Elle habite tout près du centre-ville dans une petite maison confortable avec un très beau jardin.

Nous avons mangé avec toute la famille et après ça on est allé à la maison de jeunes. Là on a joué au ping-pong et on a écouté des disques mais j'étais fatiguée et à dix heures nous sommes retournées à la maison et je me suis couchée.

Le lendemain nous sommes allées à York pour voir la cathédrale et les vieux quartiers. C'est une très belle ville où l'on peut faire du shopping. Le soir j'ai vu un film au cinéma.

Mercredi nous avons joué au tennis et sommes allées au théâtre avec la mère de Sally. C'était très intéressant mais difficile à suivre.

Jeudi on s'est levé très tôt pour passer la journée à Londres. On y est allé en train. Ça ne prend que deux heures. On a découvert la ville et ses sites historiques, par exemple The Tower of London, Hyde Park, Buckingham Palace, et Trafalgar Square.

Hier, nous sommes restées à la maison jusqu'à sept heures, et ensuite nous sommes allées en boîte.

Demain je rentre à la maison mais je voudrais rester ici! J'espère te voir bientôt. Je vais te montrer mes photos!

Ciao! Anna-Marie

A French penfriend writes to a friend at home at the end of her holiday in Britain.

1 After reading the letter from Anna-Marie, say whether the following statements are true or false:

A Anna-Marie arrived on Tuesday.
B She is writing on Saturday.
C She travelled by train to Harrogate.
D She left home at 8 a.m.
E Her penfriend didn't meet her when she arrived.
F Her penfriend lives in a luxury flat.
G Anna-Marie spent her first evening at home, resting.
H They went to York on Tuesday.
I The train journey to London takes two hours.
J On Friday they went to a disco.

Lettres d'amitié

2 Anna-Marie wrote two postcards while she was staying with you and you offer to post them. On the way it rains and some letters and words get blotted out. You need to fill them in again. Copy out the complete postcard.

Chère Michelle,

Je suis à　　　　　　　avec Sally.
J'ai vu Bu　　　　　　et Trafalgar
C'est super! Hier je　　　　au théâtre, et
ma　　　　à York, j'ai visité la c
Je suis allée aussi au ci

　　A bientôt
　　　　　　Anna-Marie.

Cher Paul,

je suis arr　　　lu　　　après-　　　. J'ai
　　au ping-pong et j'étais à la m
des jeunes　. La maison de Sally est
du centre-ville, et elle a un joli j

　　Je rentrerai d

　　　　　　Anna-Marie

3 Write down six things you have done in your spare time in the last two weeks.

4 You have been asked to write a short article in French about your summer holiday. Use this diagram to help you.

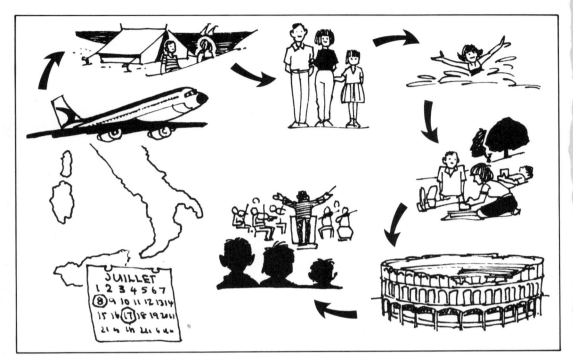

5 Use these notes to help you write a letter to a penfriend describing a holiday you have just spent with a German friend in Augsburg.

> July 4th   Left Gatwick 9 a.m. Hans and father met me at Munich airport – drove to their house.
>
> July 5-9   Stayed at Augsburg. Sight-seeing (ancient castles); sports and swimming at sports centre.
>
> July 11-15   Went to Black Forest. Walking, bit of climbing – very beautiful. Stayed at youth hostels.
>
> July 16   Packed for return home – pity! Bought souvenirs.
>
> July 17   Left Munich at 1 p.m. with Hans. Mum and Dad met us at Gatwick.

Lettres d'amitié

16 Mille fois merci

Chers Mr et Mrs Kerr,

Je suis bien arrivé hier à cinq heures, c'est à dire à l'heure prévue. Le voyage était intéressant et j'ai parlé avec un groupe scolaire dans le train. La mer était calme et j'ai dormi un peu.

Je vous remercie beaucoup pour ce séjour très agréable. Vous avez tous été si gentils et si généreux ! Je vous remercie aussi du beau cadeau. C'est un bon souvenir de l'Angleterre.

J'ai bien aimé la journée que nous avons passé au bord de la mer et le week-end où nous sommes allés dans les montagnes. Le repas dans le restaurant au sommet était délicieux, surtout le dessert ! J'ai l'intention maintenant de faire du sport quelques fois par semaine et l'année prochaine je serai mieux entraîné.

Nous préparons un programme pour Robert quand il nous rendra visite en août. J'espère qu'il le trouvera intéressant et amusant. Nous irons à Paris, bien sûr, et nous irons aussi faire du camping pendant un week-end. On pourra faire de la planche à voile !

Alors, je vous remercie encore et j'espère que ce petit cadeau vous plaira.

A Bientôt

Gilles

1
- A When did Gilles get home and what sort of journey did he have?
- B What did he particularly enjoy about his stay in England?
- C What resolution has he made?
- D What plans does he have for Robert's visit?
- E What does he send with this letter?

2 You have been asked to prepare a programme for a group of French students visiting your school for a week. What would you organise for them? Write up your programme as a list for them to read. Use this table to help you.

lundi on Monday **mardi** on Tuesday **mercredi** on Wednesday **jeudi** on Thursday **vendredi** on Friday **samedi** on Saturday **dimanche** on Sunday	**matin** morning **à midi** at 12 o'clock **après-midi** afternoon	**on va** **nous allons** we'll	**faire les magasins** go round the shops **faire une randonnée en voiture/à vélo/à pied** go for a drive/a ride/a walk **jouer au...** play... **faire un pique-nique** go for a picnic **visiter/rendre visite à** visit
	soir evening	**nous irons** we'll go	**en ville** into town **à la campagne** to the country **au bord de la mer** to the seaside

3 Write a letter to the parents of your penfriend thanking them for a pleasant holiday and for the lovely presents. Describe your journey home and what you plan to do when your penfriend visits you.

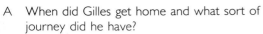

17 Au bord de la mer

Douarnenez, le 30 Juillet

Je passe de bonnes vacances en Bretagne au bord de la mer. Il fait très beau, et je suis bronzé.
Quand la marée est basse nous ramassons des coquillages que nous mangeons ensuite, ou bien, nous allons faire des courses en ville.
Autrement, nous passons notre temps dans l'eau.
J'espère que tu t'amuses bien à Paris.

Emmanuel.

1 Write a postcard to Emmanuel. Say that you're writing from the seaside. Tell him that you aren't sun-tanned yet, because it isn't very hot. However, you are enjoying yourself: you swim, and at night you go to the disco.

Quimper, le 10 août

Bonjour!

Ici c'est super. Je me baigne souvent - il fait chaud! Hier je suis allée à la pêche avec Yves - super! Nous avons ramassé beaucoup de coquillages sur la plage aussi. Ils sont très beaux. Je suis rentrée à la tente à six heures et il y avait du vent.

Demain on va visiter un château.

Lisette.

2 Look at the following pictures. Find which one best represents the day described by Lisette in her postcard on page 60.

3 Write two postcards representing the other two pictures.

> Je t'envoie un bonjour de Cherbourg où je passe de bonnes vacances chez mes grands-parents. J'espère que tu vas bien. Moi, je vais très bien. Il fait un temps superbe et nous allons à la plage tous les jours, mais l'eau est assez froide et il faut du courage pour aller se baigner. Avant-hier, nous sommes allés à Valognes visiter le musée du cidre. C'était très intéressant et hier nous avons vu des bateaux à voile sur le port, et j'ai été prise en photo avec un des marins.
> Grosses bises
> Aline

4 Write a postcard to Aline. Tell her where you're sending greetings from. Say it's sunny. Every day you either go to the beach or go for walks. Say that yesterday you hired a fishing boat and you had a great time.

to hire   **louer**

18 En ville

Cartes postales

Sèvres, le 15 août

Chère Claire,
Ça va ? Moi, je vais très bien. En ce moment, je passe un séjour chez des amis. Il y a beaucoup à faire — des musées, des magasins, des sites historiques, des cafés...
J'ai déjà visité la Tour Eiffel et demain, je vais visiter Versailles.

A bientôt
Suzanne.

Write a postcard from a town where you have friends or relatives. Use this table to help you.

Je passe I'm spending	un séjour a short time un week-end a weekend une semaine a week une quinzaine a fortnight quelques jours a few days	chez with	des amis friends ma tante my aunt mon oncle my uncle mémé grandma Pierre Pierre
J'ai fait I did Nous avons fait We did Je vais faire I'm going to do Nous allons faire We're going to do	de la natation some swimming du patin à glace some ice skating du patin à roulettes some roller skating des achats some shopping		
J'ai visité I visited Nous avons visité We visited Je vais visiter I'm going to visit Nous allons visiter We're going to visit	des églises churches des musées museums des sites historiques places of historic interest		
Je suis allé(e) I went Nous sommes allé(e)s We went Je vais aller I'm going to go Nous allons aller We're going to go	au cinéma to the cinema au théâtre to the theatre au café to the café au restaurant to the restaurant à la plage to the beach en boîte to the disco aux magasins to the shops		

Cartes postales

19 A la montagne

Cartes postales

> Chamrousse, le 22 février
>
> Je suis bien arrivé à Chamrousse, le voyage a été long.
>
> Il fait très froid mais il y a du soleil et je suis déjà bronzé.
>
> En arrivant, nous avons loué des skis et des chaussures de ski.
>
> Nous faisons tous les jours du ski de piste, c'est très difficile et je tombe très souvent.
>
> Demain nous essayerons de faire du ski de fond ce qui est très fatigant.
>
> Le paysage est superbe.
>
> Je m'amuse bien.
>
> Je t'embrasse,
>
> Romain

1 After reading Romain's postcard, say whether the following statements are true or false.
- A It did not take long to reach Chamrousse.
- B It is too cold to get sun-tanned.
- C Romain has bought some good skis.
- D He skis every day.
- E He does not find it difficult.
- F He often falls down.
- G He hopes to do some long-distance skiing soon.

2 Write a postcard from Fort William. Say that the weather is cold and it is snowing. You are skiing every day – it's easy. There is a disco at night. Tomorrow, you are going skating.

20 Au camping

Quiberon, le 8 Août

Chers Parents,
Ici le temps est beau. Nous sommes dans un camping confortable et nous nous amusons beaucoup. Nous mangeons bien — le poisson est bon — et à un prix fantastique! Il y a un terrain de sport et la mer est tout près. Je trouve que la tente est un peu petite pour trois, mais ça marche!

Un grand bonjour aux grands-parents!
Victor

1 Read Victor's postcard and answer these questions:
A Name two ways Victor and his friends spend their time.
B What is he particularly pleased about?
C What is he not very happy with?

2 Write a postcard to your French friend from an English campsite. Say that you have been there for a fortnight. Say that you're enjoying it very much, and that you don't want to go home. Say that it rains sometimes, but it doesn't matter.

Cartes postales

21 A l'auberge de jeunesse

Albi, le 3 août

Salut,

    Je suis arrivée à l'auberge de jeunesse hier. Nous sommes au moins une vingtaine de personnes et mes amis sont super sympas. Nous faisons ensemble des randonnées à pied. Hier soir, nous avons joué aux cartes et j'ai gagné!

    Je n'aime pas trop faire la vaisselle, mais ça ne fait rien. Le gardien est gentil. Je m'amuse follement et il fait très beau.

    Je te dis au revoir et à bientôt.

                Fabienne

1 Say whether the following statements based on the above postcard are true or false.
- A Fabienne has spent a week at the youth hostel.
- B There are fewer than twenty people staying there.
- C She has made some good friends.
- D They ride round the countryside together.
- E She dislikes playing cards and washing up.
- F Her guardian was kind to let her come.
- G She is having a good time.

2 Which of the activities mentioned in the advertisement for the youth hostel at Damigni would you like to do? Write a postcard from this youth hostel describing those activities.

22 Demander des informations

Lettres formelles

Mr et Mme LECLERC
11 Avenue Jean Moulin
59000 LILLE
tel: 20.98.78-56

Lille, le 23 Février

Monsieur le Responsable du Camping "Belle Plage",

Ayant obtenu votre adresse par l'intermédiaire de l'office du Tourisme de Biarritz, je vous adresse cette lettre afin de vous demander quelques informations.

Je désire réserver un emplacement pour une caravane (avec voiture) pour 4 personnes (2 adultes et 2 enfants âgés de 2 à 4 ans), ceci pour la période du 1er au 31 Août inclus.

Aussi je voudrais savoir le prix de l'emplacement par jour et par personne.

Est-ce que les sanitaires et l'électricité sont inclus dans ce prix ? Y-a-t-il des réductions pour les enfants ?

Enfin pourriez-vous me décrire votre camping, son environnement. Est-ce loin du centre ville ? de la plage ? Y-a-t-il des possibilités de loisirs pour les enfants à l'intérieur du camping ? Veuillez agréer, Monsieur, mes salutations distinguées

Mr Leclerc.

Aire naturelle de camping : dans un cadre naturel

- grand confort
- prise d'eau pour les caravanes
- branchement électrique pour les caravanes
- salle de repassage
- salles de réunion et de détente
- jeux pour enfants
- piscine/tennis/golf/centre équestre
- location de bicyclettes
- local couvert pour les jeunes
- garde de nuit
- téléphone
- enlèvement des ordures ménagères
- ravitaillement sur place
- plage à 1km.
- la ville de Collioure se trouve à 10km.

Prix d'emplacement (caravane et auto) par jour et par personne

Basse saison 11/4 – 25/5 19/9 – 12/10 20f	Moyenne saison 28/5 – 29/6 29/8 – 21/9 30f	Haute saison 27/6 – 31/8 40f

— Les douches et l'électricité ne sont pas compris.

Réduction pour enfant:
Moins de 3 ans: gratuit
de 3 à moins de 7 ans: 50% de réduction
de 7 à moins de 12 ans: 25% de réduction

1 Look at the information sheet sent by "La Belle Plage" in response to M. Leclerc's letter. What answers does it give to his questions?

2 Work with a partner. One of you is a holidaymaker arriving at the campsite, and the other is the warden. Your teacher will give you your role card. See if you can act out the scene in French.

3 Copy out the following letter, filling in the gaps according to the symbols given.

Mlle Antoinette Guerreau

124 rue des Anglais

56000 Vannes

Camping des Tours

56470 Saint Philibert

Vannes

le 12 juin, 19...

Monsieur,

Je vous prie de m'envoyer quelques renseignements sur votre

Est-ce qu'il est situé près d'  ? Est-ce qu'il y a des intéressantes aux environs?

Est-ce qu'il y a ? Est-ce qu'on peut louer ?

La  est à quelle distance? Est-ce qu'il y a sur place?

Je voudrais également savoir le prix de l'emplacement pour par jour et par , pour les jours suivants:

Avec mes remerciements anticipés, je vous prie d'agréer, Monsieur/Madame, l'expression de mes sentiments distingués.

Antoinette Guerreau

23 Porter plainte

Henri Juste
60, rue de l'Armée Patton,
54000 Nancy

M. le gérant,
New Moon Hôtel,
Torquay,
England.

le 19 mai

Monsieur,

J'ai passé une semaine dans votre hôtel à partir du 10 mai. J'ai le regret de vous informer que je ne suis pas du tout satisfait de ce séjour.

C'est votre personnel qui ne me plaît pas. Votre femme de chambre ne connaît pas du tout son métier. Dans notre chambre nous avons trouvé beaucoup de poussière sous le lit, et nous étions à court de serviettes.

Le service était extrêmement lent. La serveuse nous a fait attendre une demi-heure avant de servir le petit-déjeuner ; lorsqu'enfin on nous l'a apporté, les plats étaient froids et le pain était brûlé plutôt que grillé. Quand j'ai protesté, sa réponse était très impolie.

J'espère que vous ne tarderez pas à leur en parler ; s'il n'y a pas d'amélioration, je dois dire que vous allez perdre beaucoup de clients.

Veuillez agréer, Monsieur, mes salutations distinguées.

Henri Juste

> **1** Explain to your partner what M. Juste is complaining about.

Lettres formelles

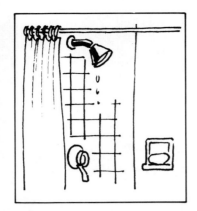

▶ 2 The above set of pictures shows what might go wrong during a holiday. Choose two or three of them and write a letter of complaint to L'Hôtel Paradiso, 4 Place Royale, 44000 Nantes.

You may need the following vocabulary:
awful   **affreux (affreuse)**
bulb   **une ampoule**
dirty   **sale**
… wasn't working   **… ne marchait pas**
there wasn't any …   **il n'y avait pas de …**

▶ 3 Work with a partner. One of you is a dissatisfied tourist, and the other is the hotel proprietor. Your teacher will give you your role card. See if you can act out the scene in French.

▶ 4 Write a letter of complaint to "L'Hôtel Bon Voyage", 21 rue Aumône-Vieille, 13100 Aix-en-Provence.
Complain that the mattress (*le matelas*) was hard and there was no soap. There was too much noise and the swimming pool was dirty. Or, you can make up your own complaints.

24 Demandes d'emploi

Monsieur Martial Martinet
37 rue Emile Zola
64423 Bayonne

Camping des Sables
35229 Cancale

Bayonne,
le 27 mars

Monsieur,

Je suis intéressé par votre offre d'emploi pour être serveur dans votre camping pendant trois mois cet été.

J'ai dix-sept ans et suis en première au lycée Balzac à Bayonne. Je finirai l'école cette année le quinze juin et pourrai donc travailler de la mi-juin au quinze septembre.

J'étudie l'anglais depuis six ans et je parle assez bien. J'ai fait deux séjours en Angleterre. J'apprends aussi l'espagnol et l'italien.

J'ai travaillé l'année dernière comme serveur dans une crêperie à St Malo et j'aime beaucoup la Bretagne.

Je vous prie Monsieur, de bien vouloir agréer l'expression de mes salutations distinguées.

Martial Martinet

> **1** Answer the following questions about Martial's letter:
> A What job is Martial applying for?
> B Which class is he in at school?
> C Why does he think he would be good at this job?
> D Which subjects is he particularly good at?

Lettres formelles

Lettres formelles

 Look at the holiday jobs advertised below. Find the six most suitable people for the jobs.

ch.: cherche
rech.: recherche
Ecr.: Ecrire

1 Urgent! parc zoologique ch. employé(e) tout l'été âge mini. 16 ans, pour s'occuper animaux, sachant bricoler, logé, nourri

2 Rech. jeune personne aider distribution de lait région Toulouse, 6h-10h lundi–samedi, tout l'été Ecr.: Joel, 6713 "Dépêche", 31095 Toulouse

3 HOTEL ch. serveur ou serveuse bar-restaurant, 16-18 ans, logé, nourri, août–septembre, 5h par jour, 121, av. du Gal Leclerc, St Raphael

4 Rech. aide de chenil (m/f), 15-20 ans, 16h-20h chaque jour, juin, juillet, 3, rue Lemercier, 32250 Montréal sur Gers.

5 Ch. bonne d'enfants, 16-22 ans, 40h par semaine, logée, nourrie, juillet–août, 2 enfants 3 et 5 ans, 42, rue des Arènes, 18000 Bourges

6 Rech. pompiste (m/f), 16-18 ans, 14h-19h lundi–samedi, tout l'été, 21 bd. Magenta 30700 Uzès

Applicants

A Je m'appelle Julien et j'ai 18 ans. Je pourrai travailler du 31 juillet au 30 septembre. J'étudie la cuisine à l'école et aussi l'anglais et l'année dernière j'ai passé deux semaines à Brighton dans un petit restaurant comme serveur.

B Je m'appelle Brigitte et j'ai 16 ans. Je pourrai travailler mois de juin, juillet; tout emploi considéré mais j'aime animaux, enfants. J'ai trois sœurs, deux chiens, un chat.

C Je m'appelle Paul et j'ai 17 ans – offre bricolage, jardins, etc.; je suis fils de fermier, je connais donc la nature. Je pourrai travailler tout l'été.

D Je m'appelle Lucien et j'ai 28 ans – j'ai travaillé comme pompiste, mécanicien, jardinier; je pourrai travailler tout l'été.

E Je m'appelle Virginie et j'ai 17 ans. Je pourrai travailler fin mai jusqu'au 1er septembre. J'étudie la cuisine à l'école et j'ai travaillé comme pompiste pendant les vacances.

F Je m'appelle Jean-Paul et j'ai 15 ans. Je suis prêt à tout, tout l'été – disposition souple. J'ai travaillé comme baby-sitter.

G Je m'appelle Stéphane et j'ai 16 ans. Disposition studieuse, aime les maths et la physique; je pourrai travailler mois de juillet.

H Je m'appelle Anne-Marie et j'ai 18 ans. Je pourrai travailler à partir 1er juillet; j'aime beaucoup ménage, enfants, natation, les chevaux. J'étudie les arts ménagers à l'école.

 3 Write a letter applying for any one of the jobs on page 74, giving details about yourself as Martial did.

25 Au bureau des objets trouvés

Mr Vilard Jean
4 rue Jean Rostand
59000 LILLE

Lille, le 5 Mars

Monsieur le Responsable du Bureau des Objets Trouvés de Calais,

Je vous adresse cette requête afin de savoir si vous êtes en possession d'un imperméable beige clair que j'ai perdu le 3 Mars aux environs de 16H dans la gare maritime de Calais.

Il s'agit d'un imperméable long, beige clair, avec deux poches de chaque côté, une ceinture avec boucle marron. Il est doublé à l'intérieur d'un tissu à carreaux marrons.

Je pense l'avoir égaré dans la gare maritime, ne l'ayant plus avec moi quand j'ai pris le train pour Lille.

J'espère que vous êtes en possession de ce vêtement aussi je vous serais bien obligé de me faire parvenir votre réponse le plus rapidement possible.

Veuillez agréer, Monsieur, mes salutations distinguées.

J. Vilard

Lettres formelles

1 Fill in your copy of the lost property form with details of M. Vilard's lost raincoat.

```
                SNCF            ■ DÉCLARATION              Timbre à date
              après-vente         DE PERTE D'UN OBJET        de la gare
              voyageurs


        Je soussigné (NOM en lettres majuscules)
    demeurant à (adresse complète)

    déclare avoir *perdu - *oublié le                          (date)
    (1)

    *dans le train n°                      du (date)
    partant de              à      h     à destination de
                              (parcours emprunté)


    *1re - *2e classe - n° voiture (éventuellement)       *couchette
                                                          *wagon-lit
    Endroit présumé
    *dans la gare de

                    En cas de trouvaille, je demande

    — *A être avisé à l'adresse suivante

    — *Que l'objet me soit expédié à
    — *Que l'objet soit remis à M.

    à qui je donne procuration de retrait.
        En outre, je déclare prendre à ma charge les frais occasionnés par la trouvaille et la restitution
    de l'objet en cause.
                                        A              le
                                                     (Signature)


    NOTA : Le délai de garde des objets retrouvés est fixé à 30 jours sur l'ensemble de la S.N.C.F.
    (1) Description de l'objet (nature, forme, couleur, dimension, contenu détaillé).
    (*) Rayer l'indication non utilisée
                                                                        0 006 6502
```

2 Work with a partner. One of you is a clerk at a lost property office, and the other one has lost something. Pupil A describes the lost item, and pupil B fills in the details on a copy of this lost property form.

```
Objet perdu: ................
Forme, couleur: ................

Contenu: ................

Autres détails: ................

Valeur: ................
Location: ................
Heure: ................
Nom: ................
Tél. en France: ................
```

Your teacher will also give you a list of lost items. Take turns at being the clerk. Remember, when giving French telephone numbers you should not express them as single digits as in English. For example 54.32.21 would be **cinquante-quatre, trente-deux, vingt et un.**

3 Write a letter to the lost property office at the Gare Maritime Dieppe, saying that on 10 August you lost your rucksack while travelling on the 9h.10. train from Paris Nord to Dieppe. You were in carriage (**voiture**) no. 18, and you think you left it in the luggage rack (**dans le filet**).

Lettres formelles

26 Réserver une chambre

Claude Renoir
64 Place Général de Gaulle
67000 Strasbourg

"La Nouvelle Héloïse"
Chemin de la Plage
64143 Biarritz

Strasbourg
le 24 mai

Monsieur,

J'aimerais réserver deux chambres dans votre hôtel entre le dix-huit juillet et le premier août, pour ma femme, deux enfants âgés de trois et cinq ans, et moi-même.

Nous espérons pouvoir passer une quinzaine de jours dans la région de Biarritz.

Est-il possible de rester deux semaines dans votre hôtel ? Nous voudrions une chambre avec un grand lit, et une chambre à deux lits.

La plage est-elle loin de l'hôtel ? Y a-t-il des activités organisées pour les jeunes sur la plage ? Y a-t-il une salle de jeux pour les enfants dans l'hôtel ?

Je vous prie, Monsieur, de bien vouloir agréer l'expression de mes salutations distinguées.

Claude Renoir

▶ 1 Which of the following sets of pictures represents Claude Renoir's booking?

👥	14 nuits	8 juillet – 1 août
👥👤	17 nuits	18 juillet – 1 août
👥👥	10 nuits	15 juillet – 1 août
👥👤	14 nuits	18 juillet – 1 août

▶ 2 Work with a partner. One of you is the receptionist at a hotel; the other is a holidaymaker telephoning. Your teacher will give you each a role card.

▶ 3 Below are extracts from letters asking for accommodation in the Hôtel Beau Séjour. Fill in the details of these bookings in your copy of the hotel's diary by writing the name of the client through the required dates. The first one is done for you as an example.

L'Hôtel Beau Séjour

Chambre no.	donne sur la place: (nuits:)	mois: juillet																													
		1	2	3	4	5	6	7	8	9	10	11	12	13	14	15	16	17	18	19	20	21	22	23	24	25	26	27	28	29	30	31
1	🛁 + 🛏																				Jean Gilot										→
2	🛁 + WC																															
3	🛁 🛁 + 🚿																															
4	🚿 + 🛏																															
5	🛁 🛁 + WC																															
6	🛁 + 🚿																															
	donne sur le parc:																															
7	🛁 + 🛏																															
8	🛁 + WC																															
9	🚿 + 🚿																															
10	🛁🛏 + 🛏																															
11	🛁 🛁 + WC																															
12	🛁 🛁 + 🚿																															

Monsieur,
          Je désire réserver une chambre avec bain pour une personne pour la période du 20 au 30 juillet inclus.
   Si possible je voudrais une chambre qui donne sur la place.

                                             Jean Gilot

Lettres formelles

> Monsieur/Madame,
>   J'aimerais réserver une chambre pour deux personnes dans votre hôtel pour la période du 1er au 4 juillet inclus. Je préfère une chambre à grand lit qui donne sur le parc, avec douche.
>   Jacques Durier

> Madame,
>   Est-il possible de réserver une chambre dans votre hôtel pour les nuits du 3 juillet au 7 juillet inclus? Nous sommes deux. Nous voudrions une chambre à deux lits avec W.C., qui donne sur la place.
>   Jean-Paul de Troyes

> Monsieur,
>   Je voudrais confirmer une réservation pour une chambre à un lit, avec WC, qui donne sur la place, à partir du 2 juillet jusqu'au matin du 9 juillet.
>   Renée Marchais

> Madame,
>   J'aimerais passer une semaine dans votre hôtel. La date d'arrivée est le dix juillet, et la date de départ est le 18 juillet. Je voudrais une chambre à un lit, avec douche, qui donne sur la place.
>   Bernadette Drouot

4 Write to l'Hôtel Royal, 12 rue Victor Hugo, 56000 Vannes, saying there are four of you: your parents, your teenage brother (or sister) and yourself. Ask for one room with a double bed and two single rooms for the period 10–15 July. You would like rooms with showers. Ask if they will send some information about what there is to do and see in the area.